本书由
中央高校建设世界一流大学（学科）
和特色发展引导专项资金
资助

中南财经政法大学“双一流”建设文库

创 | 新 | 治 | 理 | 系 | 列 |

现代性视域下的人民司法传统：嬗变、困境与定位

徐 洁 著

长江出版传媒
湖北人民出版社

图书在版编目(CIP)数据

现代性视域下的人民司法传统：嬗变、困境与定位 /徐洁著.
武汉：湖北人民出版社, 2019.12
ISBN 978-7-216-09895-3
Ⅰ. 现…　Ⅱ. 徐…　Ⅲ. 司法制度—研究—中国　Ⅳ. D926.04
中国版本图书馆CIP数据核字(2020)第018714号

责任编辑：高承秀
封面设计：陈宇琰
　　　　　张　弦
责任校对：范承勇
责任印制：肖迎军

现代性视域下的人民司法传统：嬗变、困境与定位
XIANDAIXING SHIYU XIA DE RENMIN SIFA CHUANTONG
SHANBIAN KUNJING YU DINGWEI
徐洁 著

出版发行:湖北人民出版社　地址:武汉市雄楚大道268号
印刷:武汉科源印刷设计有限公司　邮编:430070
开本:787毫米×1092毫米 1/16　印张:11.5
字数:190千字　插页:2
版次:2019年12月第1版　印次:2019年12月第1次印刷
书号:ISBN 978-7-216-09895-3　定价:48.00元

本社网址：http://www.hbpp.com.cn
本社旗舰店：http://hbrmcbs.tmall.com
读者服务部电话：027-87679656
投诉举报电话：027-87679757
（图书如出现印装质量问题，由本社负责调换）

总　序

“中南财经政法大学‘双一流’建设文库”是中南财经政法大学组织出版的系列学术图书，是学校“双一流”建设的特色项目和重要学术成果的展现。

中南财经政法大学源起于1948年以邓小平为第一书记的中共中央中原局在挺进中原、解放全中国的革命烽烟中创建的中原大学。1953年，以中原大学财经学院、政法学院为基础，荟萃中南地区多所高等院校的财经、政法系科与学术精英，成立中南财经学院和中南政法学院。之后学校历经湖北大学、湖北财经专科学校、湖北财经学院、复建中南政法学院、中南财经大学的发展时期。2000年5月26日，同根同源的中南财经大学与中南政法学院合并组建“中南财经政法大学”，成为一所财经、政法“强强联合”的人文社科类高校。2005年，学校入选国家“211工程”重点建设高校；2011年，学校入选国家“985工程优势学科创新平台”项目重点建设高校；2017年，学校入选世界一流大学和一流学科（简称“双一流”）建设高校。70年来，中南财经政法大学与新中国同呼吸、共命运，奋勇投身于中华民族从自强独立走向民主富强的复兴征程，参与缔造了新中国高等财经、政法教育从创立到繁荣的学科历史。

“板凳要坐十年冷，文章不写一句空。”作为一所传承红色基因的人文社科大学，中南财经政法大学将范文澜和潘梓年等前贤们坚守的马克思主义革命学风和严谨务实的学术品格内化为学术文化基因。学校继承优良学术传统，深入推进师德师风建设，改革完善人才引育机制，营造风清气正的学术氛围，为人才辈出提供良好的学术环境。入选“双一流”建设高校，是党和国家对学校70年办学历史、办学成就和办学特色的充分认可。“中南大”人不忘初心、牢记使命，以立德树人为根本，以“中国特色、世界一流”为核心，坚持内涵发展，“双一流”建设取得显著进步：学科体系不断健全，人才体系初步成型，师资队伍不断壮大，研究水平和创新能力不断提高，现代大学治理体系不断完善，国际交流合作优化升级，综合实力和核心竞争力显著提升，为在2048年建校百年时，实现主干学科跻身世界一流学科行列的发展愿景打下了坚实根基。

习近平总书记指出：“当代中国正经历着我国历史上最为广泛而深刻的社会变革，也正在进行着人类历史上最为宏大而独特的实践创新。……这是一个需要理论而且一定能够产生理论的时代，这是一个需要思想而且一定能够产生思想的时代。”①坚持和发展中国特色社会主义，统筹推进“五位一体”总体布局和协调推进“四个全面”战略布局，实现“两个一百年”奋斗目标、实现中华民族伟大复兴的中国梦，需要构建中国特色哲学社会科学体系。市场经济就是法治经济，法学和经济学是哲学社会科学的重要支撑学科，是新时代构建中国特色哲学社会科学体系的着力点、着重点。法学与经济学交叉融合成为哲学社会科学创新发展的重要动力，也为塑造中国学术自主性提供了重大机遇。学校坚持财经政法融通的办学定位和学科学术发展战略，“双一流”建设以来，以“法与经济学科群”为引领，以构建中国特色法学和经济学学科、学术、话语体系为己任，立足新时代中国特色社会主义伟大实践，发掘中国传统经济思想、法律文化智慧，提炼中国经济发展与法治实践经验，推动马克思主义法学和经济学中国化、现代化、国际化，产出了一批高质量的研究成果，“中南财经政法大学‘双一流’建设文库”即为其中部分学术成果的展现。

文库首批遴选、出版两百余册专著，以区域发展、长江经济带、“一带一路”、创新治理、中国经济发展、贸易冲突、全球治理、数字经济、文化传承、生态文明等十个主题系列呈现，通过问题导向、概念共享，探寻中华文明生生不息的内在复杂性与合理性，阐释新时代中国经济、法治成就与自信，展望人类命运共同体构建过程中所呈现的新生态体系，为解决全球经济、法治问题提供创新性思路和方案，进一步促进财经政法融合发展、范式更新。本文库的著者有德高望重的学科开拓者、奠基人，有风华正茂的学术带头人和领军人物，亦有崭露头角的青年一代，老中青学者秉持家国情怀，述学立论、建言献策，彰显“中南大”经世济民的学术底蕴和薪火相传的人才体系。放眼未来、走向世界，我们正以习近平新时代中国特色社会主义思想为指导，砥砺前行，凝心聚力推进“双一流”加快建设、特色建设、高质量建设，开创“中南学派”，以中国理论、中国实践引领法学和经济学研究的国际前沿，为世界经济发展、法治建设做出卓越贡献。为此，我们将积极回应社会发展出现的新问题、新趋势，不断推出新的主题系列，以增强文库的开放性和丰富性。

“中南财经政法大学‘双一流’建设文库”的出版工作是一个系统工程，它的推进得到相关学院和出版单位的鼎力支持，学者们精益求精、数易其稿，付出极大辛劳。在此，我们向所有作者以及参与编纂出版工作的同志们致以诚挚的谢意！

因时间所囿，不妥之处还恳请广大读者和同行包涵、指正！

中南财经政法大学校长

---

① 习近平：《在哲学社会科学工作座谈会上的讲话》，2016年5月17日。

摘　要

中国现代性的发生是一部由革命谱写的历史。从辛亥革命后资产阶级共和的实践失败到新文化运动对保守主义的批判，再到五四运动开辟的革命激进主义道路，以及在此背景下马列主义与中国革命实践相结合到共产党建立起新政权，中国最终以人民民主作为现代民族国家的合法性基础。这一政权选择过程既体现了中国革命现代性的平等价值，又承继了儒家政治文化传统泛道德主义的深层特性。中华人民共和国成立后，革命党转为执政党，人民民主的理念与以其为核心的制度性建构和相关话语形塑着新中国的政治实践，人民司法传统便是这一政治实践的重要组成。人民司法传统从陕甘宁边区大众司法的确立到中华人民共和国成立后日益成熟的实践，与政权的形成到完善同步，并始终贯穿着人民民主的要求，具体体现为人民司法传统政治面相的教化性与法律面相的依附性。人民司法传统政治面相的教化性决定了中国共产党领导下人民司法传统的终极目标是善，法官不仅是法律的适用者，更是新中国社会主义道德的布道者。在司法的体制建制中，体现在对司法审判人员选任与管理的要求以及群众路线的工作方法两个方面。人民司法传统法律面相的依附性与其政治面相的教化性是一体两面，其法律面相更注重可操作性层面的相关制度规定，具体体现在服从党的领导和为中心工作服务两个方面。

在革命的主旋律以及通过国家运动来实现社会改造的背景下，人民司法传统走向道德评价的极端，最终自我消解。中央吸取中华人民共和国成立初三十年国家建设的教训，及时将国家工作的中心转向经济建设，中国步入改革开放的新阶段。综观改革开放四十年，以微观领域扩大经济主体经营自主权、中观层面资源配置机制的市场化和宏观政策环境变革为主要内容的经济改革推动中国社会由传统社会走向现代社会，也即日益理性化。经济社会的理性化体现为个体的自主性和趋利性、交互关系的抽象性以及通过知识的制度化维系的社会秩序。法律是最主要的制度形态，它代表国家意志，将社会各个系统纳入制度的轨道，通过作为抽象机制的专家系统对社会进行技术型治理。这种社会整合方式不再以先验的价值认同为纽带，而是建立在以深度自我和欲望生产为基础的个人主义之上。司法系统是理性化的经济社会中作为专家系统存在的抽象机制，它以社会信任为运作基础，具有抽象机制的“脱域”特征。在经济社会理性化的驱动下，人民司法传统发生嬗变。在政—法关系的视角下，人民司法传统的嬗变体现为：一是人民司法传统政治面相的教化性在去政治化的过程中加强了司法专业性的提升，具体通过法官资格与晋升标准对专业性的考量和审判方式的形式理性化两方面体现出来；二是人民司法传统法律面相由对政治的依附性逐渐变得具有自主性，这从服从党领导司法以及司法为中心工作服务的内容与方式两方面体现出来。

尽管在经济社会理性化的驱动下，人民司法传统朝着规范化、制度化的方向推进，但历史多维度的演进并没有使得人民司法传统彻底褪去自身的特性从而变成一个全新的司法形态，而是在中国法律秩序、政治秩序与社会秩序相反相成的关系下逐渐形塑出道法二元的司法格局：一方面，通过司法的常规化途径进行的社会整合体现了司法覆盖的广度与延伸的深度，但司法的基础能力较为薄弱，无力整合转型时期多重性质交织的社会秩序，这集中体现为实践中司法供需失衡的困境；另一方面，在常规化的司法“无力”处，由司法至高的道义性与国家专断权力发动的“继续革命”以司法动员的形式试图集中有限的资源克服常规化途径无法解决的问题。正是在这种司法的去政治化与政治化的往复之间，司法道义性与合法性的冲突不时显现，并成为当下道法二元结构下司法运作的深层困境。

当下道法二元结构下司法运作的深层困境追根究底是中国现代民族国家建立的困境，这一困境在全球化背景下得以进一步放大。西方现代性的根本特点是信仰的终极关怀与理性的二元分裂，理性成为经济社会发展的基础，并通过孕育出立足于个人的民族认同，实现民族国家、社会与个人之间的耦合。非西方传统的后发现代化国家在民族国家的建设过程中为解决可能发生的社会整合危机，通过重塑一元化价值与一体化整合模式来实现社会的整合。中国民族国家建设以经济社会的加速重建为表，以实现民族复兴为核心的文化政治诉求为终极关怀，这使得其仍未摆脱建立在道德一元论基础上的一体化整合模式。在资本增殖逻辑主导的全球化浪潮下，国家之间的利益纷争与价值冲突愈发激烈，这一背景下，中国民族国家建构的逻辑在捍卫国族利益、实现公民的身份认同、服务于经济社会的发展等方面各有利弊。综合权衡国内外秩序特点，人民司法传统的定位应当区分对外以民族认同为核心的主权逻辑与对内以宪法为中心的治理逻辑。

目　录

导论

第一节 问题缘起

一、为什么以人民司法传统为研究对象？

司法改革是一个世界性的话题，无论中国还是其他国家，都在经历着司法的变革。相同的是变革本身，不同的是每个国家的改革动因。以司法与法治的关系切入，结合各国社会经济发展的情况，苏永钦将世界各国进行的司法改革分为以下四类：建立法治型、深化法治型、简化法治型以及转化法治型。[①]就中国而言，三十多年来的司法改革实践构成了中国法治建设进程中最重要的内容之一，中国的司法改革无疑担负着法治建立与深化的重任。法治的重要维度是民主，反映了一国公民对法治实践的认同。然而，就司法领域来说，从改革的实效看，法院自身的压力越改越大[②]，其所面对的来自社会舆论的压力和民众的指责却未见缓和，司法机构（主要指法院）深陷信任危机。从表象上来看，司法的公信力危机体现为司法“精英化”与“大众化”之间的矛盾，然而，其背后的深层次问题仍然是政治过程的民主性以及实现方式的问题。具体来说，司法是法律实施的环节之一，从整体上看，法律适用是一个消极被动的过程，它要求法官遵循诉讼的程序规定和法律制度的实体规定来审理案件；从微观层面来看，法律适用又充分体现了法律的实践理性品质，它要求法官在对个案事实进行综合判断的基础上做出裁决。这一司法过程暗含了一个国家政治系统、法律系统与社会系统三者之间的关系：法律系统是政治共识的制度化表达，前者是形式，后者是内容；政法系统通过法律实施形塑社会系统，并通过反馈机制对既有的制度规定进行立改废。一言以蔽之，司法兼具法律性、政治性和社会性，司法的民主性则体现为三种属性制度化运作的互动关系。如果司法公信力

① 苏永钦：《漂移在两种司法理念间的司法改革——台湾司法改革的社经背景与法制基础》，《环球法律评论》2002 年春季号。

② “司法改革使得法院越改压力越大”，这一表述源自笔者在某基层法院调研某访谈对象 L 庭长的感叹。

危机本质上是司法的民主性问题，那么，当下司法民主的实践是怎样的，其问题究竟在哪里，要怎么改才能使司法改革不陷入初衷与实效之间背离的困境呢？

人民司法传统的研究是对上述问题的回应，同时是看待上述这些宏观问题的一个很好的切入点。从大方向来看，司法的专业化、职业化与审判权的独立行使是大势所趋，这既是司法客观规律使然，亦是依法治国的应有之义。然而，与这一趋势相关的制度改革与革命时期形成并延续到当下的人民司法传统之间始终存在理念与实践方面的张力。人民司法传统蕴涵的司法理念及其具体的操作技术是共产党在司法领域合法性再生产的重要资源，那么，司法专业化与人民司法传统的张力问题就可以转化为在依法治国背景下党该如何领导人民司法的问题。对人民司法传统进行功能定位就是要进一步明确在司法领域中党的合法性资源发挥作用的范围和限度，即能够在何种范围内发挥什么样的作用以及如何发挥作用，继而在明晰政与法关系的基础上给出较为可行的完善措施。

这一思路暗含了现实主义的立场，与之形成对比的是学界对于回应型司法和自治型司法的两种主张。回应型司法[①]以协商民主为理论根基，强调司法对社会多元需求的回应以及民众参与，却回避了现有的政治体制对司法运行产生的影响；自治型司法强调司法独立，以自由民主为理论根基，这一主张具有强烈的批判色彩，却易忽略司法外部环境的复杂性，且无法提供具有操作性的可行建议。政治体制的最终走向是多种合力的结果，人的有限理性无法以上帝的视角预见某种顶层设计的必然后果。既然如此，认清改革的外在限制条件，在此基础上寻求改革的可能空间并完善之，以期加强“法”这一要素在政治角力中的分量就是一个相对来说更为务实的选择。基于这一立场，笔者将人民司法传统作为本文的研究对象。

二、为什么以现代性为视角？

现代性是一个历史性的范畴，通常将其视为一种文明，是人类有“史”以

① 在社会纠纷日趋复杂的当下，越来越多的学者呼吁回应型司法理念的引进与制度建构，以期作为司法改革的目标和方向。相关研究有：高志刚《回应型司法制度的现实演进与理性建构——一个实践合理性的分析》，《法律科学》2013 年第 4 期；吴建国、汪进元《回应型司法的理论逻辑与制度平台》，《东疆学刊》2014 年第 1 期。

来社会层面的经济政治、个体自我理解以及文化制度等各个领域发生的全方位的嬗变。其经验基础源于18世纪的西欧，随之，现代化浪潮席卷全球，世界各国纷纷卷入这场历史的巨变之中。人类自此走进“世界史”的进程中，“世界”成为一个有机联系的整体，各国命运休戚与共。就知识体系来说，如泰勒所言，“现代性是现代哲学和社会科学的母题”①。

自百余年前中国开启这场三千年未有之变局以来，人文社科学者对各领域具体问题产生的分歧归根究底还是由现代性引起，无论是中西冲突抑或传统与现代的冲突，学者们关注的实质性问题还是现代性问题。在法学研究域中，现代法治是一个至高的话语平台，有关现代法治的理论资源通常作为论证各子问题的依据。然而，法学界对于法治的讨论常常是各执一词，并没有一个统一的讨论起点，以至一来学界对法治是什么这一问题始终没有达成共识，二来已有的智识资源亦是碎片化的。值得一提的是，有不少学者对“现代化范式”本身进行批判，并认为这是“西方中心主义”的体现或者“殖民主义”的视角，缺乏中国学术的主体性。笔者以为，要了解中国，反省自身，就必须借助“他者”的视角，西学的引入并没有问题，关键是如何借助西学的理论资源来论述中国的问题。“并没有与欧美的现代性绝然不同的中国的现代性，尽管中国的现代性具有历史的具体性”②，这是笔者颇为赞同的观点。基于以上阐释，选择在现代性视域下研究人民司法传统具体来说有如下考量：

首先，现代法律是现代现象中具有独立性的结构要素，与其他各要素之间具有亲和性，置于现代性视角下有助于系统性地理解法律的结构性位置，更为完整全面地理解法律在社会中的功能及其发挥功效的外在条件。司法是法律实施的重要环节，是法治运作的重要组成部分，现代性视域下法治是社会系统、政治系统与法律系统三者之间的耦合状态，司法则亦是法律性、政治性和社会性三种属性之间的互动。这一视域注重历史的具体性，对司法外部环境的分析亦是动态的。相比之下，对司法客观规律的强调这一静态维度则显得单薄。

其次，现代性这一范畴具有更强的包容性，因其自身的历史性或曰时间性，学界对现代性问题的研究随着现代现象的变化而不断融入新的经验，以此丰富有关现代性的理论。既有的研究分为三种径路：现代性叙事的肯定性反思，现

① 汪行福：《“复杂现代性”论纲》，《天津社会科学》2018年第1期。
② 刘小枫：《现代性社会理论绪论——现代性与现代中国》，上海三联书店1998年版，第3页。

代性的批判理论以及现代性的起源研究。这些研究并没有对现代性形成一种本质主义的认知，而是在多元论争中不断加深对现代性的理解。中国的现代性叙事从晚清开始，一直延续到当下。然而，在对司法的现代化转型研究中，法学界甚少将革命时期的经验置于中国现代性的视角来看，以至于对当下中国司法的理解在割裂历史的前提下流于片面。现代性视域则对革命时期的历史抱持同情性的理解，并将其视作中国对于现代性的回应。人民司法传统形成于党在陕甘宁边区时的司法实践，也只有将其置于现代性的视角下，才能对人民司法传统的具体实践及其暗含的政法逻辑有更为深入的理解。

最后，现代性视角具有开放性。一来尽管现代文明有一些不同于前现代的共同特性，然而其实现路径并没有一个固定不变的模式[①]；二来如哈贝马斯所言，现代性依然是一项未完成的工程[②]。在这样的视角下，一方面我们对未来司法理想图景的想象并不是固定不变的，而是随时会因为中国在国际中所处地位的变化而发生改变；另一方面，中国早就已经迈入现代化的历史进程中，其自身的经验也可以参与到现代性理论的修葺中。

是为问题缘起。

第二节 文献综述

一、国内研究综述

人民司法传统是中国共产党自陕甘宁边区创建的司法制度以来，所形成的司法理念、技术与实践的总称。人民司法传统并非固定不变的实体，而是随着时间的推移、随着环境的改变，自身不断调适的一个动态过程。作为学术研究

① 例如，一直以“他者”形象与中国相对照的“西方”，在其内部并非没有差异，甚至其内部差异较之简单的中西对比更甚。

② J. Habermas, Modernity: an incomplete project, The anti-Aesthetic: Essays on postmodern culture, Port Townsend, WA: Bay Press, 1983, pp. 6 .

对象的人民司法传统是一个题域，围绕该题域展开的研究大致可以分为如下两类方向。

第一类是将人民司法传统作为整体进行的系统化研究。该类研究有如下两个主题：

一是从历史社会学的视角对人民司法传统的形成与变迁进行考察。这类研究以大量来自中央和地方的历史文献为材料，并对各类史料进行梳理和归纳，呈现出不同历史阶段人民司法传统在制度层面的静态表达以及历时性的动态变化，侯欣一的《从司法为民到人民司法——陕甘宁边区大众司法制度研究》和何永军的《断裂与延续：人民法院建设（1978—2005）》是该主题的代表性著作。

二是从当下的司法改革实践出发对人民司法传统进行整体性评价。以评价内容为标准，该主题可进一步细分为二：第一种研究主张当下的司法改革要重回人民司法传统，在大方向上肯定了人民司法传统作为我国司法本土资源满足现实需求的有效性，并认为应当将其与外源性司法资源进行融合，相关研究有蔡维力、张爱军的《走出移植西法困境 回归人民司法传统——对我国司法改革的实证评析》①，王聪的《主题与变奏：社会变迁中的司法传统——以人民司法传统的复苏为视角》②；第二种针对人民司法传统在当下的复苏，对其进行反思和批判，主张司法改革回到理性的制度化轨道上，相关研究有陈洪杰的《人民司法的历史面相——陕甘宁边区司法传统及其意义符号生产之“祛魅”》③，杨文龙的《当下中国司法民粹主义倾向及其破解研究——兼对人民司法传统复归的批判反思》④。

第二类是对人民司法传统的构成要素进行更为细化的专题研究，可以进一步分为如下两类：

一是以人民司法的理念及其实践为主题，人民司法理念的表达有“司法的人民性”“为民司法”等，一方面，司法为民是司法权运作的正当性基础，另一方面司法又常常陷入民意审判的被动局面，面对司法正当性与合法性之间的困境以及司法公信力不高的现实，学界以司法与民意的关系、司法的公信力、司

---

① 蔡维力、张爱军：《走出移植西法困境 回归人民司法传统——对我国司法改革的实证评析》，《法学评论》2009 年第 4 期。

② 王聪：《主题与变奏：社会变迁中的司法传统——以人民司法传统的复苏为视角》，《朝阳法律评论》2013 年第 1 期。

③ 陈洪杰：《人民司法的历史面相——陕甘宁边区司法传统及其意义符号生产之“祛魅”》，《清华法学》2014 年第 1 期。

④ 杨文龙：《当下中国司法民粹主义倾向及其破解研究——兼对人民司法传统复归的批判反思》，吉林大学 2015 年硕士学位论文。

法民主等为论题进行探究，这方面研究成果颇多，例如，苏力的《法条主义、民意与难办案件》①，孙笑侠的《司法的政治力学——民众、媒体、为政者、当事人与司法官的分析》②，胡铭的《司法公信力的理性解释与建构》③。

二是以相应的人民司法技术为主题，人民司法技术是人民司法理念的实现手段，集中体现为党政体制（包括政治路线、工作方法、组织管理等）形塑司法的方式，讨论较多的有陪审制度④、审判委员会制度⑤、人民调解制度⑥、马锡五审判方式⑦等，学界对这些具体制度在实践中的运作、产生的问题以及完善途径进行了较为充分的研究。

二、国外研究综述

现代性视域下人民司法传统的功能定位本质上仍然是对司法与政治关系的研究，属于司法政治学研究域。国外对司法的研究成果非常多，而与本书论题直接相关的研究成果，主要有如下一些：

一是米尔伊安·R. 达玛什卡的《司法和国家权力的多种面孔》。在这本书中，作者对世界各地法院的司法管理以及政治与法律的关系给予了比较法视野下的分析，建构出有关司法管理、国家和司法的理想类型，并对不同类型之下的法官角色、法院功能、律师地位、司法技术等方面的差异给予阐释。

二是马丁·夏皮罗的《法院：比较法上和政治学上的分析》。这是一部政治学和比较法学相结合的著作，夏皮罗首先提出有关法院的理想模型的四大构成

① 苏力：《法条主义、民意与难办案件》，《中外法学》2009 年第 1 期。
② 孙笑侠：《司法的政治力学——民众、媒体、为政者、当事人与司法官的分析》，《中国法学》2011 年第 2 期。
③ 胡铭：《司法公信力的理性解释与建构》，《中国社会科学》2015 年第 2 期。
④ 有关陪审制度的代表性研究有：刘锡秋《陪审制度的历史研究》，法律出版社 2011 年版；廖永安、刘方勇《社会转型背景下人民陪审员制度改革路径探析》，《中国法学》2012 年第 3 期。
⑤ 有关审判委员会的代表性研究有：苏力《基层法院审判委员会制度的考察及思考》，《北大法律评论》1998 年第 2 期。
⑥ 有关调解的代表性研究有：张卫平《诉讼调解：时下势态的分析与思考》，《法学》2007 年第 3 期；黄宗智、尤陈俊《调解与中国法律的现代性》，《中国法律》2009 年第 3 期；曾宪义《关于中国传统调解制度的若干问题研究》，《中国法学》2009 年第 4 期；艾佳慧《“大调解”的运作模式与适用边界》，《法商研究》2011 年第 1 期；唐力《在“强制”与“合意”之间：我国诉讼调解制度的困境与出路》，《现代法学》2012 年第 3 期。
⑦ 有关马锡五审判方式的代表性研究有：张希坡《马锡五审判方式》，法律出版社 1983 年版；肖周录、马京平《马锡五审判方式新探》，《法学家》2012 年第 6 期；强世功《权力的组织网络与法律的治理化——马锡五审判方式与中国法律的新传统》，《北大法律评论》2000 年第 2 期。

要素，然后分别运用普通法、罗马法、中华帝国和伊斯兰帝国的法律传统中的制度来驳斥支持法院理想模式的理论，对传统法律信念提出挑战。

上述研究皆采取比较法的路径，提供了有关司法的多元形态，与本书具有包容性和开放性的现代性视域相亲和，对笔者具有启示作用。

三、研究述评

从既有的研究来看，人民司法传统之所以成为学术研究的对象，主要在于其暗含的政法逻辑以及部分制度手段延续至今并且在相应的历史条件没有完全消失之前，仍会一直存在。一方面，现实环境较之人民司法传统形成时期确有巨大的不同，这时人民司法传统的延续与适用就有一个边界的问题。对新时代人民司法传统进行再审视便是基于这一背景而生发的问题意识。学界已有的对于人民司法传统的整体性评价实际上已经关涉了这一问题，但却止于价值评判，并未做进一步深入的阐述。另一方面，人民司法传统的功能定位问题在以人民司法传统为题域的诸多子问题中，又是一个紧密依赖其他子问题的问题，也即上述归纳的研究事实上构成了这一问题的前提性思考。综观已有的研究，笔者认为存在以下不足：

首先，学界对人民司法传统的认识有两点误区：一是忽略了人民司法传统内在的时间流动性，将人民司法传统视作"过去"的产物并给予静态的理解，即认为传统是"一种绝对的、固化了的东西"[①]。然而，作为对"史"的叙述，"传统"存在于后来者的不断建构中，构成"现在的一部分"[②]并且是在"'过去'与'现在'的不断遭遇、相撞、冲突、融合（新的同化旧的）之中所生发出来的种种'可能性'或说'可能世界'"[③]，因此，"传统"也孕育了未来。二是割裂了作为一个有机整体的人民司法传统，这一点尤其体现在"人民司法传统复苏"这样的表述中。历时性地来看，人民司法传统一直延续至今，尤其是构成其核心的司法理念、权力组织网络和工作方式，也即其政治面向。既然未曾衰退过，又何谈"复苏"？学界所指的人民司法传统的"复苏"是针对"能

①③ 甘阳：《传统、时间性与未来》，《读书》1986年第1期。

② [美] 爱德华·希尔斯：《论传统》，傅铿、吕乐译，上海人民出版社2009年版，第13页。

动司法”的提出以及中央对“大调解”“巡回法庭”等制度的再次重视，这种强调在笔者看来，是中国司法运作方式内在逻辑的延伸，不是“复苏”，并进一步证明了体系化的人民司法传统的存在，只不过其所面对的环境及其功能发生变化。

其次，置人民司法传统与司法现代化于完全对立的位置。人民司法传统与现代司法关系这一问题的背后更为根本性的问题是党的领导与法治的关系问题。如前所述，党在革命时期证成的权力正当性及形成的运作机制依然是当下主导的政治资源，亦是司法运行的正当性基础。若将两者置于对立面，则是将司法的政治性与法律性置于相互否定的地位，这一来忽视了改革开放以来政法的深层互动关系，即中国法治建设是由执政党通过政治决策自上而下进行推动的事实，那么，司法的政治性与法律性的互动关系亦然；二来忽略了革命历史时期与改革开放时期之间的历史连续性。事实上人民司法传统的命运是与执政党的命运交织相依的，正如笔者在前面提及的，如何看待人民司法传统实则是党如何领导司法这一问题的另一种表述。

最后，既有的研究注重制度层面的梳理，但对一些深层次问题的理解并没有充分展开，同时亦没有充足的理论支撑，这尤为体现在法学界对“法治”“社会主义”“党的领导”等问题的探讨与认识中。要对这些根本性问题有更深入的认知，需要借助一个更高的话语平台和思想框架，正是基于此，笔者选择现代性及其相关理论资源对人民司法传统进行研究。但是，这并不意味着采用现代性视角就可以对相关问题进行一个绝对真理的揭示。这一研究意在推进理解，在“知”的层面拓宽理解后，才可能找准“行”的方向，并辅以相应的完善措施。

第三节　研究方法

有关现代性的研究是偏思想性的社会哲学层面的研究，这也决定了以此为视域的人民司法传统研究偏向于宏观的形而上学层面，具体体现在革命范式与理性化范式蕴涵的一整套话语体系的法权正当性基础的论证问题上。这与行为主义的实证研究有所区别，但并不意味着形而上学的研究是纯思辨的：一方面理念设定的具体目标是对特定时空面临问题的回应与在此基础上对未来的展望，它有着一定的社会基础；另一方面，一旦理念制度化与社会化，就会影响组织的运行与个体的行为，甚至转化为社会运动。因此，现代性视域下对人民司法传统的研究同时将宏观理念与微观行为纳入其下，结合本文所要阐述的具体内容，采用的研究方法如下：

第一，哲学研究法。现代性的知识生产始于18、19世纪古典社会理论的兴起，其暗含了以韦伯、涂尔干、马克思等为代表的思想大家对社会的思想立场和政治态度，也即在形而上的层面思考国家、社会与人的关系及其各自的特点。这些思想性或哲学性的知识产出不同于实证性的科学知识，前者通常围绕某个思想家的学说进行探讨，个体的理论构成一个相对独立而完整的体系，这些理论之间是一种替代关系，意在改善理解，而非以知识积累为目的的累进关系；后者更接近于集体的工作，围绕对某个问题的最新研究成果，不断更新学科的知识体系。本文对现代性的论述采用哲学的以思想家的学说阐述为主的研究方式。结合中国现代化在不同时期的动力，笔者将中国现代性在不同时期的特点归纳为革命范式和理性化范式，主要通过马克思主义理论和韦伯理论两大传统来进行具体的阐述。

第二，历史研究法。运用历史研究法，一方面旨在通过对历史材料的考察和梳理，对人民司法传统形成与嬗变的过程进行客观描述，这里的材料主要包括官方文件、报刊、领导人著作、相关研究的二手材料；另一方面旨在还原人民司法传统产生与变迁的社会背景，揭示人民司法传统理念的正当性论证与其社会基础之间的关联。人文社科研究方法的历史主义是对启蒙理性主义的批判，强调国家与历史的特殊性。这一历史特殊性与具体性的阐释是相当重要的，如前文提及，世界各国均卷入了现代性的历史进程中，现代文明的生发具有普遍意义，但各国面对的历史条件和需要解决的问题及其解决方式是有所差异的，只有深入到历史中，才能对人民司法传统是什么、何以产生及其功能有所了解，也才能更好地了解人民司法传统在当下的历史定位。

第三，田野调查。如果说历史研究法是对过去发生的事进行描述，那么，田野调查则侧重于描述当下发生的事。对人民司法传统的嬗变进行考察有助于建立起宏观的历史视野，对其延续至今的做法进行考察则为了凸显实践中的问题。与人民司法传统的功能定位密切相关的问题有民意与审判的关系、司法公信力等问题，笔者带着这些问题进入田野考察，主要方式是对法官进行访谈，了解法官在日常工作中面对社会舆论的态度、对民意和热点案件的看法以及由此对其审判行为的影响等。

第四节 章节安排

人民司法传统的形成与嬗变伴随着中国20世纪初以来的革命叙事与80年代以来的改革叙事，在改革叙事占据主流的当下，革命遗产依旧在当下发挥重要作用，然其背后的一整套意识形态话语在“告别革命”的历史反思中“被妖魔化为撒旦主义式的‘原罪’”[①]。不可否认的是，革命叙事是中国被迫卷入现代化浪潮，在建立现代民族国家的过程中产生的，是启蒙运动的结果，是其自身现代性的体现。因此，本书在整体结构上以时间为主线，根据不同历史阶段中国现代性的动因与特点，将其归纳为革命范式与理性化范式，并在这两大范式构成的分析框架下阐释人民司法传统的运作与变迁。接着，回归到人民司法传统在当下司法运作中的实践，两大范式共同形塑了当下的法律运作体系，笔者将其概括为道法的二元结构。人民司法传统在当下的实践也即在道法二元交织背景下的微观运作。在这样一个宏观的历史视野与当下的实践背景下，最后回应人民司法传统的定位问题。这是本书的大致思路。具体来说，各章节主要内容如下:

第一章 革命范式与人民司法传统的演绎。人民司法传统始于共产党在陕甘宁边区的司法实践，在中华人民共和国成立后日趋成熟，并成为执政党在司法领域合法性再生产的重要资源。人民司法传统的实践运作实则是国家权力的运作，一方面需要体现权力的合法性基础，即人民主权的理念；另一方面又要满足有效性的需求，即实现司法领域的社会整合。基于此，对人民司法传统的理解可以转化为对其合法性基础即人民民主理念的进一步探索，并将其置于政

① 赵牧:《启蒙、革命及现代性：被终结的话语?》,《华东师范大学学报（哲学社会科学版）》2010年第2期。

法关系的分析框架中进行剖析。本章首先以人民司法传统背后的基本原理即人民民主理念作为分析对象，对其产生的历史背景、自身的理论逻辑进行阐释；其次，结合这一原理，在政法关系的框架中对人民司法传统的具体实践及其特征进行概括和论证。

第二章 理性化范式与人民司法传统的嬗变。改革开放以来，基于对十年“文革”的反思，中国进入“告别革命”的历史阶段。具体来说，经济社会各领域的制度变革遵循理性化的范式，国家治理更加重视法律这一技术治理的手段。司法作为国家重要的治理技术，随着社会环境的变化开始做出相应的调适，司法改革即是这一变动的具体体现。历时性地来看，司法改革的具体措施便是在人民司法传统的基础上进行的制度改革。这一章首先对改革开放以来社会环境的理性化进行阐述，并论证这一改变对司法的新诉求；接着，阐明人民司法传统在司法改革的具体实践下发生的嬗变。

第三章 道法二元结构下人民司法运作的现实困境。当下司法实践是前述两种范式共同形塑的结果，笔者将其归纳为道法二元结构，它一方面依然遵循着革命时期政权正当性的要求，另一方面却在历次司法改革之后被赋予了更多的理性色彩。在这样一种二元结构的实践中，笔者在该章重点阐述人民司法运作在当下面临的问题，具体来说包括司法供需失衡这一表层问题以及司法道义性与法律性之间的张力这一深层问题。

第四章 新时代人民司法传统的功能审视。前几章的论述为本书提供了宏观的历史视野和微观的具体实践，结合这两个方面，笔者对中华人民共和国成立以来中国现代革命及其现代性的进行更进一步地反思，归纳新中国现代民族国家建构的特点及在全球化背景下面临的挑战。在此基础上，笔者提出区分对外司法主权逻辑与对内以宪法为核心的司法审判逻辑，并在这一框架下对人民司法传统进行定位。

第一章
革命范式与人民司法传统的演绎

一般认为，新中国的人民司法传统形成于陕甘宁边区政府时期，中华人民共和国成立后成为执政党在司法领域合法性再生产的重要资源。“文革”期间法制遭到破坏，人民司法传统于1978年后恢复，至1988年审判方式变革，始呈现部分延续、部分断裂的形态。董必武于1959年5月16日在全国公安、检察、司法先进工作者大会上曾对这一传统做出概括，广为学界引用：“我们党从井冈山建立革命政权的时候起，就有了自己的政法工作。人民政法工作……在党中央和毛主席的领导下，从民主革命到社会主义革命，逐步积累起丰富的经验，形成了自己的优良传统。这就是服从党的领导、贯彻群众路线、结合生产劳动、为党和国家的中心工作服务”[①]。结合这一表述与相关文献梳理，有学者对人民司法传统进行了更为精准且全面的归纳，将其归纳为如下五个方面：第一，人民司法的组织保障：服从党的领导；第二，人民司法的任务：为党和国家的中心工作服务；第三，人民司法的工作方法：走群众路线；第四，人民司法的基本要求：实事求是、有错必纠；第五，人民司法从业人员应具备的基本素质：德才兼备。[②]

无论是董必武的概括还是学者的归纳，都是从现象层面对人民司法传统进行的描述。然而，如何理解人民司法传统呢？司法是国家机关的重要职能之一，其实践运作实则是国家权力的运作，一方面需要体现权力的合法性基础，即人民主权的理念；另一方面又要满足有效性的需求，即实现司法领域的社会整合。基于此，对人民司法传统的理解可以转化为对其合法性基础即人民民主理念的进一步探索，并将其置于政法关系的分析框架中进行剖析。这一论述思路不同于对人民司法传统的发生学进行的历史考据，而是由原理出发进行的演绎。

民主是现代政治秩序的正当性依据，暗含了神权国家理念向世俗国家理念的转化。与之对应，国家形态则经历了“传统国家—绝对主义国家—民族国家”这样历时性的演变。[③]国家的世俗化带来的问题是：在一个祛魅的社会里，国家凭借何种正当性理由对领土范围内的人及其共同体形态即社会进行管理。韦伯将国家与社会（组成社会共同体的人）之间的关系描述为支配与被支配的关系，

① 董必武著，《董必武法学文集》编辑组编：《董必武法学文集》，法律出版社2001年版，第423页。

② 何永军：《断裂与延续：人民法院建设（1978—2005）》，中国社会科学出版社2008年版，第82页。

③ ［英］安东尼·吉登斯：《民族国家与暴力》，胡宗泽、赵力涛译，王铭铭校，生活·读书·新知三联书店1998年版，第43～199页。

其核心是国家权威，由权力与其实施的认可依据共同形塑而成。对于现代民族国家而言，其合法性依据由民主理论提供论证。人民民主亦是中国现代民主国家建立过程中缔造的权力合法性依据，它“通过赋予某阶级以先赋的正当性特权，（先进）强制性（阶级专政）地抑制关于社会平等、自由和公义的‘如何’和‘谁的’争议”[①]。人民民主的缔造伴随着中国共产党成立并由革命党发展为执政党的历史过程，与之相关的是一套有关革命的政治话语和历史实践。因此，对人民民主的深入理解需要将之置于历史的语境中，并对建构人民民主的相关思想理论进行阐述。

基于此，本章首先以人民司法传统背后的基本原理即人民民主理念作为分析对象，对其产生的历史背景、自身的理论逻辑进行阐释；其次，结合这一原理，在政法关系的框架中对人民司法传统的具体实践及其特征进行概括和论证。

第一节　中国民族国家建立的合法性诉求与政权选择

自清朝遭遇西方工业文明的入侵始，中国被迫开启现代化以来的百余年（尤其是 20 世纪）是一部由革命谱写的历史，其主线如李泽厚所言是“启蒙”与“救亡”的“双重变奏”。一方面，清政府的统治与西方列强的压迫为帝国转向民族国家设置了障碍；另一方面，国内党派对立纷争不已，地方权力割据，社会陷入整合危机。面对这一困境，新旧两场民族民主革命对于国家层面的转型影响深远。从辛亥革命后资产阶级共和的实践失败到新文化运动对保守主义的批判，再到五四运动开辟的革命激进主义道路，以及在此背景下马列主义与中国革命实践相结合到共产党最终建立起新政权，笔者将在下文沿着这一历史脉络从观念史[②]的角度对人民民主缔造的过程及其自身的理论逻辑进行阐释。

① 刘小枫：《现代性社会理论绪论——现代性与现代中国》，上海三联书店 1998 年版，第 95 页。

② 观念史不同于思想史，注重观念与社会基础的互动。对观念史的具体阐释，参见金观涛、刘青峰《观念史研究：中国现代重要政治术语的形成》，法律出版社 2009 年版，第 1 ～ 24 页。

一、共和实践与新文化运动

（一）共和幻象

辛亥革命结束了两千多年的帝制，建立起资产阶级民主共和国。从政治建制上来看，无论中央还是地方都建立起相对完备的法律法规。例如，武昌起义成功后的几天内，前清湖北谘议局议长汤化龙等于10月14日起草了军政府暂行条例，该条例在16日由谘议局改称的省议会上表决一致通过，成为组织湖北军政府的法律依据。鄂军政府随后颁发一系列规章制度对各级政府官职、人事录用做出明确规定。[①] 上海、江苏、江西等省亦效仿之。1911年12月3日，各省都督府代表联合会通过《中华民国临时政府组织大纲》，并据此选举孙中山为临时大总统。然共和制实行不过几年，中国随即陷入军阀混战的分裂局面。1915年袁世凯废除共和，恢复帝制。1917年，张勋复辟，溥仪再登皇位。民主共和昙花一现，实则有名无实。梁启超将这一共和实践称为"幻象"："共和宣布亘一年，政象不加善，而泯棼反远过于其旧，于是国中忧深思远之士，渐有疑共和之不吾适者，而外人旁观拟议，方且目笑存之，谓共和之在我国，不过一时幻象，……"[②] 这与白鲁恂的评价相似，白鲁恂亦将共和短暂且陷入权威危机的历史阶段比喻作"共和幻象"。

我国史学界的主流观点将辛亥革命定性为一场不彻底的资产阶级革命，并在其与作为无产阶级革命的建国革命之间建立因果关系。这一论述建基于反封建、反帝制的革命史观立场，亦遵循了马克思主义历史阶段论的思路。若回到历史发生的过程中，从史观学转向史料学，则会有不同的看法，例如台湾史学界主流观点将辛亥革命视为长期"思想动员"的结果："辛亥革命并不像国民党所讲的完全由革命党主导，也不像一些史家所说的是一个资产阶级的革命。辛亥革命是一个长期思想酝酿的过程，同时它的参与者来自不同的阶级，并为了不同的目的而参与进来。"[③] 事实上，围绕辛亥革命的性质及其评价可谓众说纷纭。回到本书，需要重点探讨的问题是：辛亥革命所欲建立的"共和"是什么，

---

① 例如：《政务省官职令》《政务省管辖各官署官职令》等。参见袁刚《辛亥革命时的以法建政和依法行政》，《北京电子科技学院学报》2012年第1期。

② （清）梁启超：《梁启超全集》（第九卷），北京出版社1999年版，第2560页。

③ 黄克武：《回顾与反思：辛亥革命是怎么成功的?》，《书城》2011年第11期。

这一共和政治的尝试为何会失败？“共和”作为一种思想观念，既有内在的演化规律，又在与社会制度的互动中形塑自身。从历史的语境来看，以儒家意识形态为核心的政治文化在中国根深蒂固，对外来思想的理解只有置于这一意识形态的深层思维结构中才是较为恰切的，这一文化融合的思路符合历史的惯性。另一方面，意识形态与权力支配方式的结合亦发挥着社会整合的功能，政治文化的长久维系不外乎通过规范的形式体现在社会制度中并融入人们日常生活的言行里，也即成为一种集体无意识。外来思想的冲击必定对既有的社会整合方式产生影响，成功的融合同时意味着社会整合方式的有效调适。基于此，笔者对于前述问题的阐释将遵循文化融合的思想变迁模式以及与之相应的社会整合功能分析的思路来进行。[①]

1.“共和”释义

“共和”之意古今有别，其所指有赖具体语境。然清末民初，中西文化碰撞，多重语境交织，彼时国人对“共和”的理解，呈同词异义之混沌状。鉴于此，若欲知晓革命所求之“共和”为何，则需对“共和”词义及形成过程进行考辨。

古汉语中“共和”的古典之义指“一种皇帝缺位时的上层贵族精英统治”[②]。有学者对汉语古籍中的“共和”一词进行了梳理[③]，其中常为引用的出处有二：一是《史记·周本纪》：“召公、周公二相行政，号曰‘共和’。”另一处是《竹书纪年》：“（厉王）十二年，王亡奔彘，……十三年，王在彘，共伯和摄行天子事。”注：“号曰共和。”“共”有贵族与皇帝共享国家事务管理权之意涵，“和”指实行仁政。中国古代君主制下，皇权与官僚权力并存，皇权是最高权力，官僚权力尽管以贯彻皇帝意志为目标，仍有其自身的相对独立性。从实际运作中来看，君主制“实行的是官僚制基础上的‘分权制’”[④]。基于此，皇帝缺位时，由贵族协助国政便是自然而然之事。

---

① 事实上，在既有的思想史研究中，金观涛与刘青峰夫妇的研究就是遵循这一思路，笔者对这一部分的论述主要参考了他们的研究成果。主要著作参见《开放中的变迁：再论中国社会超稳定结构》、《中国现代思想的起源：超稳定结构与中国政治文化的演变》（第一卷）、《观念史研究：中国现代重要政治术语的形成》。

② 金观涛、刘青峰：《观念史研究：中国现代重要政治术语的形成》，法律出版社 2009 年版，第 267 页。

③ 刘禾：《跨语际实践：文学，民族文化与被译介的现代性（中国，1900—1937）》（修订译本），宋伟杰等译，生活·读书·新知三联书店 2008 年版，第 425 页。

④ 周雪光：《国家治理逻辑与中国官僚制：一个韦伯理论视角》，《开放时代》2013 年第 3 期。

由古汉语的“共和”来译西语中的“republic”并最终形成现代汉语中的“共和”是一个创造，其译介与演变过程非常复杂，该词的内涵随着国人对西方政体知识的了解程度而日渐明晰。根据已有的研究，在19世纪初期，为“republic”寻求汉译词的主要是在华传教士，从“合省国”[①]到“公众政治之国”[②]，这些译法无不表明这些传教士的智识努力，但却未对中国知识分子产生多少影响，这些译法也并未成为republic在汉语中的固定表达。19世纪中下叶，《大英国志》的编译与修订将西方三类政体用汉语命名，为之后“民主”一词的通行做出贡献，并使得republic的汉译纳入政体知识的框架内。事实上，西语的汉译这一线，republic最终与“民主”“民主国”等词联系起来，例如，《万国公法》的翻译中，丁韪良用“民主”粗略应对republic和democracy两个词，用来指称与君主制、王权专制相反的一种政体类型。

真正对中国政治实践产生影响的译介，来源于日语输入的路径，这一路径最终使得“共和”代替“民主国”成为republic的通行译法，“民主”则承担democracy之意，且两者的含义逐渐产生分化。据潘光哲的研究，最早向中国传入近代意义上的“共和”概念的是王韬的《重订法国志略》，其“共和”一词援引自冈本监辅的《万国史记》。黄遵宪在《日本国志》《日本杂事诗》中介绍日本政治体制改革时亦用到“共和”“共和党”等词。然而，在甲午战争前，士大夫的普遍心态仍是醉心于维护传统社会秩序和恢复道统之中，即用西学之“器”补充强化中国之“道”[③]。甲午战败强有力地冲击了由儒家意识形态建构的一体化社会秩序，当社会秩序陷入危机时，上层的意识形态亦产生裂缝。“日本打败中国除了宣布儒家意识形态所推崇的理想社会并非最优之外，简直无法作其他解释。”[④]在这一背景下，19、20世纪之交的中国开启了思想转型与政治改革的互动。

如果说戊戌思潮只是表明以康有为为代表的少数士大夫要求政变，而多数仍处于对儒家意识形态的怀疑中，那么庚子事变之后，原本只被少数激进派认同的主张为广大士大夫接受。1905年日俄战争中日本的胜利，使得朝野上下响

① Samuel Wells Williams, ed. An English and Chinese Vocabulary, Macao: The Office of the Chinese Repository,1844, pp.236.

② Anatole Billequin, Dictionnaire francais-chinois, Peking:Typographie du Pei-t’ang,1891,pp.597.

③ 金观涛、刘青峰：《开放中的变迁：再论中国社会超稳定结构》，法律出版社2011年版，第65页。

④ 同上书，第68页。

起一片立宪改革的呼声。面对这一呼声，有立宪派与革命派两种具体的主张。无论从权力结构的制度安排，还是认同的政治原则上来说，两者之间具有高度的一致性，即反对专制、建立资产阶级民权国家，实则都以共和为目标。是否保留君主之位看似是两派分歧所在，但君主立宪不同于君主世袭，立宪的主张仍符合共和的精神。两派争论最为核心的问题其实是“中国实现共和政治是否要求国民具有某种相应的道德水准”①。立宪派认为国民并不具备共和政治所需的道德品性，且通过革命手段亦不能建构之。这恰与以孙中山为代表的革命派观点迥异。“行此政体而能食其利者，必其人民于共和诸德具足圆满”②，“今日中国万不能行共和立宪制。而所以下此断案者曰未有共和国民之资格”③。在梁启超看来，“中国人独不少的是‘人人独善其身’的私德，但在‘人人相善其群’的公德方面，却乏善可陈”④。按康有为的观点，“对于民智未开的底层人民，保留君主的作用似如来佛，是‘无用之大用’”⑤。孙中山则明确表示中国国民具有共和之资质：“且夫共和政治，不仅为政体之极则，且以适合于中国国民之故，而又有革命上便利者也。”⑥

从“共和”一词的译介再到上述“国民资格”的争论，我们不仅可以窥探清末民初智识阶层对“共和”的理解，更可以进一步深思儒家政治文化在面临现代思潮冲击时的回应，亦即对智识阶层思想本身进行思维结构的剖析。在西方政治哲学中，democracy 与 republicanism 分属于两种思想脉络，democracy 强调由人民来统治，即大众的政治参与；republicanism“更着重公民在参与政治事务时的道德”以及“公领域与私领域的区分”⑦。甲午战败前，“共和”极少为人使用，“民主”一词兼顾 democracy 与 republicanism。在 1985 年之后，“共和”一词逐渐被知识分子青睐，并被赋予道德精英治国之意。“国民资格”的争论亦反映了知识分子的问题意识着重于人的德性，而这一问题意识实则亲和了儒家政治文化的思维。怀特海有言：“在有理解之前，先有

① 金观涛、刘青峰：《观念史研究：中国现代重要政治术语的形成》，法律出版社 2009 年版，第 270 页。
② 中国之新民：《政治学大家伯伦知理之学说》，《新民丛报》第卅八卅九号合本。
③ 饮冰：《答某报第四号对于本报之驳论》，《新民丛报》1906 年第 7 期。
④ 赖骏楠：《晚清时期梁启超宪法思想中的“人民程度”问题》，《清史研究》2016 年第 1 期。
⑤ 康有为：《康有为论政集》，中华书局 1998 年版，第 676 页。
⑥ 金观涛、刘青峰：《观念史研究：中国现代重要政治术语的形成》，法律出版社 2009 年版，第 271 页。
⑦ 同上书，第 266 页。

表达；在有表达之前，先有关于重要性的感受。”[①] 这一有关重要性的感受决定了士绅阶层在面对外来政治文化时对问题本身的选择，这一“选择”在某种程度上来说是无意识的。儒家意识形态强调道德精英的统治地位，它以道德能力与智识水平为标准将人进行等级划分，并将其与参政资格联系起来。“民”在儒家经典中常以负面形象示人，意味着无德无识。如此来看，主导知识分子思想的文化观念仍是儒家意识形态，即构成其思维深层结构的道德理想主义。具体来说，这一支配理念在立宪派那里表现为一种中西二元二分的意识形态，即政治属于公共领域，由立宪背后的公德进行支配，而私域仍由儒家伦理支配。对于革命派来说，其革命乌托邦的泛道德主义不过是儒家道德一元论的延续，可以视为传统文化对外来启蒙思想的融合。

2.“共和”的整合失败

我国学术界多将民初共和实践的失败归因于民族资产阶级的软弱，也即从其共和建制方案来看的妥协性。然而，回到历史本身，辛亥革命并不是按照领袖的决策进行，事先并没有战略部署和一套完备的制度建制。它采取了各省独立的形态，是“一场无国家的革命”[②]。实际上，当时民族资产阶级刚刚在兴起中，他们基本上是被排除在政治之外的，共和政治的尝试以城市化绅士和军人为主体，且以政治层面的制度改革为主要内容。上层官僚机构的重构并没有与以儒家伦理价值为整合规范的中下层组织相融合，换句话说，在当时的历史条件下，共和政体对社会的整合是失败的。一言以蔽之，共和政体并未建立起自上而下的权威结构和有效的社会整合方式。

“从西汉到清末，中国社会都是由上、中、下三个层次整合而成的。社会上层是以王权为中心的大一统官僚机构，中层是士族缙绅对地方和农村事务的管理，下层是宗法家族组织。”[③] 在两千多年的历史变迁中，三层组织结构保持着良好的耦合状态，进而维持着传统社会的稳定。这一自上而下有效整合的关键因素在于儒家文化，它将“王权、官僚政治、地主权力和家长制组成一个自上而下的统一大网”[④]。进而言之，有三重含义[⑤]：首先，儒家意识形态同时构成

① 汪丁丁：《新政治经济学讲义：在中国思索正义、效率与公共选择》，上海人民出版社 2013 年版，第 621 页。
② ［日］沟口雄三：《辛亥革命新论》，《开放时代》2008 年第 4 期。
③ 金观涛、刘青峰：《中国现代思想的起源：超稳定结构与中国政治文化的演变》（第一卷），法律出版社 2011 年版，第 7 页。
④ 同上书，第 11 页。
⑤ 同上书，第 15 ～ 21 页。

三层组织的合法性依据，三层组织之间的整合实质是儒家内在观念的系统整合，表现为规范宗族家庭的伦理、士大夫的道德精英主义与天人合一的国家观三者内在的同构性。其次，认同儒家伦理的儒生阶层成为社会的组织者，具体表现为儒生阶层身兼官员、地方精英与宗族族长（和家长）三重角色，这样，由意识形态生发的凝聚力便可以转化为对不同组织的整合力。最后，社会制度与道德理想合一，也即个体伦理、社会秩序与宇宙秩序内在的同构。“宇宙本根，乃人伦道德之根源；人伦道德，乃宇宙本根之流行发现。本根有道德的意义，而道德亦有宇宙的意义。”①个人、家庭、宗族、社会、国家与世界，前者内嵌于后者，统一于最为根本的德性。

正是在这样一种一体化结构下，中国开启现代化转型。带着这样的背景，让我们回到20世纪初的中国：一方面，戊戌变法失败后，意识形态产生认同危机；另一方面，清廷在这一认同危机下开始实行新政：一是鼓励发展工商业，二是在城市兴办学堂。一系列新政举措导致的结果是：原本以乡村为主要活动空间的绅士阶层纷纷进入城市。这对传统的一体化结构带来如下改变：其一，乡绅自治虚置，宗族组织失去与上层官僚机构联结的中介，乡村逐渐陷入失序状态；其二，城市绅士与上层官僚的权力边界日渐模糊，并随着城市绅士力量的壮大而与官僚机构对抗。1909年全国成立谘议局，近80%的议员具有传统功名②，他们将乡村自治的管理模式带到城里，实行省级自治，其本质是绅权的扩张。这一判断与沟口雄三的研究相吻合，根据沟口的研究，明末清初的“乡里空间”，其规模由明末的县一级扩充至清末的省的范围。至清末，军权财权由中央转移到地方，一省之“乡里空间”日趋成熟③。“乡里空间”是官、绅、民相互合作形成的公共空间，这一合作模式建立在意识形态认同的基础之上。就官绅关系而言，两者之间通过科举制和长期形成的较为均衡与明确的势力范围而形成一种利益共生关系。然而，当这一认同基础不再，科举制废除，乡绅城市化，代表地方利益的城市化绅士与代表中央利益的官僚机构只有在利益高度一致的前提下才会形成合作，否则呈现出来的是冲突与对抗。引发辛亥革命的

---

① 张岱年：《中国哲学大纲》，中国社会科学出版社1985年版，第173页。

② 张朋园：《民主政治的尝试——清季谘议局议员的选举及其出身之分析》，载李恩涵、张朋园等著：《近代中国——知识分子与自强运动》，食货出版社1972年版，第215页。

③［日］沟口雄三：《辛亥革命新论》，《开放时代》2008年第4期。

导火索铁路风潮即是一例。1903年，锡良调任四川总督并实施新政，在其力争之下，设川汉铁路公司。然官办企业惨淡经营，加上绅民强烈要求，其于1904年奏请清廷批准官办改为官商合办，允许绅商自行筹资修建铁路。1911年，清廷决定将川粤汉铁路修建权收归国有，这一政策引来一片哗然，四川绅商以罢市抗议，并引发保路的群众运动。在革命与立宪两种主张中，绅商多认同立宪，然而当绅权与王权呈对峙之势，其与革命派之间的分歧便在民族主义的旗帜下得以弥合、达致统一，并以“一省之力”脱离中央的控制。

在上述背景下，民初开启的民主共和实践内嵌于如下二元并存的结构中：一是传统官僚机构解体后建立的共和国；二是以省为单位的中下层组织仍维持着儒家意识形态建构的宗法社会秩序。历史事实表明民主共和的制度实践不仅没有达到预期的目标，反而进一步加剧了社会秩序的整合危机，并以失败告终。详言之，这一整合危机表现在如下几个方面：首先，从上层组织来看，这里存在民主共和的认同与行政能力分离的矛盾。辛亥革命后，皇权被推翻，各省行政权力掌握在绅商和军事官员手中，即便部分省（如湘、黔）最初由革命者控制政权，不久也被绅商夺取。士绅阶层能与革命派联合，十分重要的一点在于，“革命派的‘民主共和’理想与士绅阶层所主张的‘地方自治’原则在实践中高度一致化了。……民主共和制政权的权力与权威……来自于下面的认同……在当时，各省以士绅为主体组成的谘议局似乎就是民意的代表机关。至少在当时士绅阶层的眼中，一个民主共和制政权要得到民意的认可，与要得到士绅的认可几乎是同义语”①。这一对“共和”的理解正是笔者在前文中提及的中西二元二分意识形态。表面上看，士绅赞同共和政体，但这里却存在实施新政的两重困境：一是构成上层组织主体的士绅未真正理解民主共和对于规则之治的要求，即理性精神，以《临时约法》为核心的制度规定并不能约束他们的行为②；二是官、军、绅三位一体的地方行政权在传统一体化中下层组织模式及其意识形态合法化下，能力日趋强化，从而导致中央权力被架空。之后袁世凯意欲加强中央集权的努力反而走向帝制，加速消解原本就极其脆弱的共和权威。其次，从中下层组织来看，一来行政现代化尝试无法贯彻到乡村，二来尽管形式上维

① 孙立平：《辛亥革命中的地方主义因素》，《天津社会科学》1991年第5期。

② 典型例子是袁世凯并未遵守《临时约法》规定的责任内阁制，无视内阁总理唐绍仪的反对意见，直接将没有总理副署的委任状交给王芝祥。

持着绅—民的传统结构，但宗法秩序的实质已经发生了异化，这两方面都与城市化绅商的性质有关。“在社会权力重构中占据地方公共权力的权势阶层显然已不具备传统时代士绅阶层以‘士’为基本构成要素的特征”[①]：第一，绅商不再以“士”或曰传统功名为其身份主要构成，而是以行政系统中的官职为其身份特征，换句话说，城市化绅商是缺乏文化认同的权力阶层，“绅士”对其而言仅具有社会符号层面的象征意义。前已述及，这一阶层对“共和”的理解是相当片面的，这使得自上而下的行政化改革在绅权这里遇到障碍。绅商不仅没有按照制度规定执行中央意志，反而利用手中权力为自己谋私。这导致行政管理系统的陆续解体。第二，绅商不仅因制度性规定使绅权得以合法扩张，“相比较而言，传统时代的士绅‘只是在各种临时性地方公共事务中起主导作用’，却‘不主持和参与州县的税收、诉讼、治安、农工商、教育等经常性、主体性政治、经济、文化活动’”[②]，其管理权更是与政治经济活动密切相关，权力与地方公共资源相结合，为其滥权大开方便之门，直接带来的后果是加剧绅—民冲突，底层民怨日甚，“劣绅”形象由此产生。与此同时，上层整合军队的意识形态认同被推翻，规范认同并未形成，军队四分五裂，并与绅商结合，中下层组织向军绅政权转化，以道义之形，凭借武力行剥削农民之实。军阀混战、军绅政权使得基层社会陷入严重的秩序危机。“小康自给人家，逐渐变成赤贫；衣食不能自给，流而为匪的良民，以极大的速度增加。”[③]“破产农民大量为匪、成为军阀扩军的兵源，而军队扩充造成军费激增，又刺激加紧对农民的搜刮，这样就形成一个恶性循环。”[④]

综上，民初的共和实践不仅导致上层组织的解体，亦破坏了中下层的宗法秩序，使得社会陷入全面的整合危机。

（二）新文化运动：启蒙及其两歧性

1. 批判与启蒙

儒家文化建构的意识形态是一个内部具有整合性的观念系统，由哲学观、社会观与价值观三部分构成。王亚南在其对中国古代官僚政治的研究中指出：

①② 王先明：《历史记忆与社会重构——以清末民初“绅权”变异为中心的考察》，《历史学研究》2010 年第 3 期。

③ 王全营、曾广兴、黄明鉴：《中国现代农民运动史》，中原农民出版社 1989 年版，第 11 页。

④ 金观涛、刘青峰：《开放中的变迁：再论中国社会超稳定结构》，法律出版社 2011 年版，第 159 页。

“封建社会皇权有三大支柱，第一个是亘古不变之天道；第二个是大一统思想；第三个是儒家纲常教义。”[①] 天道暗含了人们对整个宇宙秩序图景的想象，它具有观念上的稳定性与理所当然性，其论证逻辑为皇权更替提供终极性的道义基础，是为儒家意识形态的哲学观；大一统思想为政治社会的制度运作设定了终极目标，是为儒家意识形态的社会观；儒家纲常教义是个体行为的规范标准，并外推延伸为家庭伦理规范，是为儒家意识形态的价值观。辛亥革命的意义在于从哲学观和社会观层面动摇了意识形态基础，上层组织解体，清朝覆灭。这一后果加剧社会的失序，引发意识形态的变迁动力，使意识形态由局部的认同危机转为全面的认同危机。这一时期意识形态的“真空”状态伴随着知识阶层对儒家伦理的批判及对新意识形态的求索。

以 1915 年陈独秀创办《青年杂志》为始，中国开启了一场思想观念上的大变革，史称新文化运动。新文化运动以接受新式教育的新知识分子阶层为主体，以批判儒家意识形态的旧道德为主要内容。确切地说，新文化运动是中国近现代史上的第二次启蒙。辛亥革命之前知识分子就有了对民主共和的讨论，然其内容并未涉及深层的伦理价值。“新文化运动以后的启蒙……有一个特点，它从反对‘法里’，变成了反对‘儒表’”。[②]

“儒者三纲之说，为吾伦理政治之大原……近世西洋之道德政治，乃以自由、平等、独立之说为大原……此东西文明之一大分水岭也……此而不能觉悟，则前之所谓觉悟者，非彻底之觉悟，盖犹在惝恍迷离之境。吾敢断言曰，伦理的觉悟，为吾人最后觉吾之最后觉悟。”[③] 陈独秀的这段思考代表了新知识群体的主流看法，其将中西文化置于二元对立之位，中西文化“根本性质极端相反”[④]，并主张全盘西化。林毓生将这一思想文化层面的变革概括为“整体性反传统主义”，并归纳为如下三大特征[⑤]：第一，尽管新文化运动是一场道德革命，新知识分子却常常混淆纲常伦理与政治规范。例如在批判孔学孝道时，强调个性解放的启蒙同时揭露“孝”与“忠”的同构性，继而因对政治制度的厌恶在批判“孝”纲为核心的宗法家族制度时对家庭关系进行否定。“老一辈的先进知

① 王亚南：《中国官僚政治研究》，中国社会科学出版社 1981 年版，第 70 页。
② 秦晖、杜维明：《新文化运动与中国文化的未来（圆桌论坛）》，《探索与争鸣》2015 年第 7 期。
③ 陈独秀：《吾人最后之觉悟》，《青年杂志》1916 年第一卷六号。
④《陈独秀文章选编》（上），生活 · 读书 · 新知三联书店 1984 年版，第 108 页。
⑤ [美] 林毓生：《中国意识的危机：“五四”时期激烈的反传统主义》，穆善培译，贵州人民出版社 1988 年版，第 94 ～ 137 页。

识者……对家族制度和传统家庭可以进行激烈的批判否定，但在行为上仍然在一定程度上遵循着对父母、兄弟、妻子的传统规范和要求。”[①] 而新知识青年，“开始从实践中改变行为、创造模式”[②]，其行为带有浓厚的激进色彩，“像著名的无政府主义者师复那样宣布取消姓氏的人，并不罕见”。第二，新知识分子并不否认传统文化中的积极面向，但将其视为是“世界所有文化都具有的，人类普遍的理想”[③]，因此，这些积极价值并不妨碍对传统的整体性符号般的抛弃。第三，新知识分子普遍认为，通过建立新道德可以解决社会根本问题，这暗含了知识阶层意识形态决定一切的心态。

2. 新文化运动的两歧性[④]

以“科学”与“民主”为口号的新文化运动到 1919 年五四运动后，其启蒙性质发生中断，新文化运动的领袖们从宣扬“新知识”转向缔造新的意识形态，道德革命的性质逐渐褪去，转而社会运动风起云涌，原本只关心思想启蒙的知识分子走上街头过问政治，“批评时政非其旨也”的主张难以为继。胡适以 1923 年为界对中国现代思想进行分期，他认为，1923 年以前是“维多利亚思想时代，从梁任公到《新青年》，多是侧重个人解放”；1923 年以后是“集团主义时期”，“无论为民族主义运动，或共产主义运动，皆属于这个反个人主义的倾向”。[⑤] 相当一部分的知识分子由主张自由主义转而亲和马列主义。李泽厚将这一思想观念的转变解释为“救亡压倒启蒙”的现实需要，并为多数学者接受。“救亡的局势、国家的利益、人民的饥饿痛苦，压倒了一切，压倒了知识者或知识群对自由、平等、民主、民权和各种美妙理想的追求和需要，压倒了对个体尊严、个人权利的注视和尊重。”[⑥] 诚然，现实的“救亡”需求是观念变革的一大动力，但置于中国近现代转型的历史背景下，“救亡”一直是核心主题，并且“启蒙”的兴起亦是对这一主题的回应。“救亡压倒启蒙”一说有忽视两大主题内在联系之嫌。

张灏将这一时期知识分子思想呈现出的悖论特点归纳为新文化运动的“两

---

① 李泽厚：《中国现代思想史论》，中国出版集团 2009 年版，第 13 页。

② 同上书，第 16 页。

③ [美] 林毓生：《中国意识的危机：“五四”时期激烈的反传统主义》，穆善培译，贵州人民出版社 1988 年版，第 130 页。

④ 金观涛、刘青峰：《开放中的变迁：再论中国社会超稳定结构》，法律出版社 2011 年版，第 218 页。

⑤ 胡适著，曹伯言整理：《胡适日记全编（1931—1937）》(6)，安徽教育出版社 2001 年版，第 257 页。

⑥ 李泽厚：《中国现代思想史论》，中国出版集团 2009 年版，第 29 ～ 30 页。

歧性”。何谓两歧性呢？“表面上它是一个强调科学，推崇理性的时代，而实际上它却是一个热血沸腾、情绪激荡的时代，表面上五四是以西方启蒙运动主知主义为楷模，而骨子里它却带有强烈的浪漫主义色彩。一方面五四知识分子诅咒宗教，反对偶像；另一方面，他们却极需偶像和信念来满足他们内心的饥渴；一方面，他们主张面对现实，‘研究问题’，同时他们又急于找到一种主义，可以给他们一个简单而‘一网打尽’的答案，逃避时代问题的复杂性。”[①] 换句话说，新文化运动的启蒙性质依旧深嵌在中国传统文化的深层结构之内。在笔者看来，这一两歧性充分折射出深受儒家文化熏陶的知识分子在面对西方现代思想时“情”与“理”的复杂关系，这一复杂关系在内忧外患的背景下，决定了之后政权的选择。

启蒙运动是现代性的开端。在西方语境下，启蒙指个体运用具有怀疑和批评精神的理性，冲破宗教的一体化思维，个体不再被禁锢在一元化的特定价值下，这是个体解放的标志之一。以此为标准，我们可以看到，新知识分子在新文化运动中对儒家伦理的批判并未从根本上突破宗教的一体化思维，只不过在遵从一体化思维的前提下更改意识形态的具体内容。也因此，这样的批判是流于肤浅和简单的。笔者以为，归根究底，新知识分子群体对理性批评意识的感知是情感式而非理智式的，即其认知模式并未贯彻启蒙的精神，而是依旧延续了中国传统文化的心理结构。下面分别以“民主”与“科学”为例对此加以具体说明。

首先来看民主。根据郭颖颐的研究，辛亥革命之后，“民主”一词“不外是十七世纪的个人主义，人权思想，自由主义的结合品”[②]。当时的知识分子如梁启超、陈独秀，并未将“民主”蕴涵的个人主义视作与平等的对立面。然而五四之后，对“民主”的认知逐渐走向“唯民主义”，并且“民主”更多是人们纸上谈兵的口号，鲜有对其背后精神的反思与努力。情感式的认知模式意指否定某一事物并接受该事物的对立面，即首先抛弃旧伦理然后认同其逆反价值。儒家文化赋予绅士阶层道德精英的身份地位，这一地位使绅士拥有政治参与的特权。“要拥护德先生，便不得不反对孔教、礼法、贞节、旧伦理、旧政治。”[③]

① 张灏：《重访五四——论五四思想的两歧性》，《开放时代》1999 年第 2 期。
② 郭颖颐：《赛先生、德先生的转型》，《二十一世纪》1999 年第 4 期。
③ 陈独秀：《新青年》，《青年杂志》1916 年第一卷第六号。

既然如此，批判儒家则必然否定精英的社会地位，精英主义的对立面即平民主义，平民主义为知识分子所接受，并使得彼时的中国知识阶层对“民主”的理解多与平等、大众参与等理念挂钩，与西方民主政治中的民主理念有很大差别。支撑这一“唯民主义”认识的情感在精英主义与平民主义的认知模式上并没有区别。“唯民主义”“坚信一种原始的善”①，这种“坚信”是常识理性的运作方式，其与启蒙理性有质的差异。同样，知识分子对“科学”的认知亦遵循相似的逻辑而最终异化成“唯科学主义”。于是，关键问题在于如何理解常识理性与启蒙理性。由于这两种理性都是对于人的认知思维的描述，与认识论层面的“科学”处于同一讨论范畴，因此，笔者通过阐述“科学”与“科学主义”来揭示常识理性与启蒙理性，继而深化新文化运动时期知识分子观念变迁的运作机理，并为下文对马列主义中国化的阐述做铺垫。

科学在近现代语境下是指一种提供“真”的理论的理性思考方式。它从希腊特有的哲学传统中孕育而出来。为突出希腊哲学传统中的科学意味，有学者将古代的 philosophia 叫作哲学—科学。② 与初民的感应认知相对，哲学—科学与科学都是理知的认知方式。感应在感应认知中占据核心地位，它依赖于现象之间的感性联系。感性联系不同于因果机制，它侧重于在建立联系的现象之间发现相似之处，并由此引发受感者的共鸣与回应。然而，随着“文明”的诞生，感应认知的主流地位逐渐褪去，取而代之的是理性态度的兴起。理性态度注重经验、讲求实际，具有反省的特征。反省伴随着超越与比较，这意味着人们在多元观念并存的情形下可能发现自我的东西并不一定是好的，他者的观念或行为也许更具优越性。这为人们怀疑、批判的能力培养奠定了基础。理性态度并不是西方文明独有的，那么，哲学—科学传统凸显的地缘特殊性体现在哪里呢？哲学—科学将理性和理论结合起来，用理性态度来从事理论。在一般意义上，理论是抽象的、普遍的东西，与务实的理性态度相悖，希腊人把理性的态度引进了理论探究，通过怀疑、讨论、求证来营建理论，哲学—科学取代神话，用理论的形式为人们提供对世界的整体解释。这里存在一个质的变化：作

---

① 郭颖颐：《赛先生、德先生的转型》，《二十一世纪》1999 年第 4 期。

② 陈嘉映：《哲学 科学 常识》，东方出版社 2007 年版，第 10 页。本文这部分对“科学”的阐释主要参考了陈嘉映的相关研究。陈嘉映的研究已经具有一定的体系性，为了准确阐释“科学”的性质，笔者沿用相关概念表述，特此加以说明。另外，参考书目除《哲学 科学 常识》外，还包括陈嘉映《无法还原的象》，华夏出版社 2005 年版；《泠风集》，东方出版社 2001 年版。

为新的整体解释方式的理论形式“发展出了一个具有根本认知意义的新观念，数的观念。通过数的观念，世界被分离为实在与现象。数作为现象背后的实在，其联系和循环决定着现象世界的变化，决定着世间的兴亡荣辱”[①]。数与现象的关系改变了感应认知中现象之间的感性联系，是机制观念的原型。

在对理论的理性态度即求真这一点上，近代科学继承了哲学—科学的传统。然而，以哥白尼革命为标志，科学革命从观念上改变了“理性”的内涵，“理性”的意义由原先对日常经验的尊重转变为对数理证明的倚赖。理论工作意在探求现象背后的实在，近代科学开辟了一条用数学证明实在的道路，这事实上改变了“真”的定义及其确证方式。哲学—科学是一种常识式理性，它诉诸既有的经验，将经验中默会的理解加以形式化，形成理论。哲学—科学以形而上学为支撑，从某种自明性的实在出发，“把我们在某种意义上已经知道的东西以形式化的方式呈现出来，以便在命题层面上明示哪些是我们真正知道的，哪些是我们自以为知道但实际上并不知道的”[②]。与此不同的是，科学是一种数理式理性，它用数学描述各种可供观测的事实，揭示事物运作的机制，以此来预测未知事实。科学揭示的外部关系摒弃了哲学—科学依赖的自明性，只有通过论证、推理的方式才能够通达。也正因此，科学的起点是怀疑，它从假说出发，论证自身的真理性，而哲学—科学的起点是信，这种“信”使得论证本身就是由真理展开，真理自身是不需要被论证的。

根据上述理解，启蒙理性并不依赖于某种自明性，常识理性则与人们的原初情感紧密相连，对事物的认知依赖某种自明性的前提，后者易因“信”的前提而走向极端。“唯民主义”与“唯科学主义”将大众与科学知识置于另一个神坛，与启蒙精神相悖。

二、人民民主的缔造

如上所述，新文化运动在解放人们思想的同时并未超越传统道德理想主义的思维模式。

---

① 陈嘉映：《哲学 科学 常识》，东方出版社 2007 年版，第 43 页。

② 同上书，第 202 页。

这意味着，一旦某种新的思想被接受，它便会占据意识形态的霸权地位，并借由其认同所产生的组织力来实现社会整合。至20年代后，马列主义和三民主义成为当时最重要的两股思潮，并在内忧外患的背景下相互竞争，最终，中国化的马列主义为知识分子接受，并成为新中国的意识形态。在构成这一意识形态的诸多观念中，人民民主是其政治理念的道义基础。下面集中阐述人民民主的内涵及其理论逻辑。

（一）人民民主的内涵

人民民主是马列主义中国化的产物，是毛泽东政治思想的创造与精髓。前文在论述毛泽东对马列主义的重构这一问题时已经提及人民民主的内涵，在这里予以进一步的阐释。

人民民主的构造建立在阶级的国家观上，从“无产阶级专政”到“工农民主专政”再到“各革命阶级联合专政”最后到“人民民主专政”，一个贯穿共产党人国家观始终的结构性要素是阶级，这一要素将民主与专政置于对立统一的关系中，而另一个导致国家性质表述不断变动（亦可视为不断深化和发展）的因素是共产党人对革命形势判断的变化。因此，对人民民主的理解要结合这两方面来论述。

阶级概念是马克思思想体系中的一个基础范畴，但它“并不是自我解释的分析工具，这个概念只有在更大的理论分析结构之内才有意义”[①]。这一更大的理论分析结构即“经济—社会”。在马克思看来，“到目前为止的一切社会的历史都是阶级斗争的历史”[②]。阶级并不等同于收入的来源，亦不同于社会分工中所处的功能性地位，只有“私人占有的财富剩余到足以让一群从内部选拔的人与其他生产者大众清楚地区分开来”[③]，阶级才得以存在，被区分出的群体之间是一种支配与被支配的关系。根据其唯物史观，经济基础决定上层建筑，国家是资本主义社会上层建筑的表现形式之一，国家政治权力的分配以不同群体的阶级地位为依据，并将阶级之间的冲突“保持在‘秩序’的范围内”[④]。国家的存在或者说政治的存在是具有过渡性质的，“政治”依附于“社会”，当人

① [英] 韦恩·莫里森：《法理学：从古希腊到后现代》，李桂林等译，武汉大学出版社2003年版，第261页。
② 同上书，第276页。
③ [英] 安东尼·吉登斯：《资本主义与现代社会理论——对马克思、涂尔干和韦伯著作的分析》，郭忠华、潘华凌译，上海译文出版社2007年版，第32页。
④ [英] 韦恩·莫里森：《法理学：从古希腊到后现代》，李桂林等译，武汉大学出版社2003年版，第277页。

类实现其最终的解放即每个人自由全面的发展时，“政治”便不复存在。相对于马克思所建构的共产主义社会这一理想来说，阶级社会只能实现支配阶级的利益，并不是真正的民主社会。具体到马克思身处的资本主义社会，一方面“它斩断了把人们束缚于天然尊长的形形色色的封建羁绊”，另一方面取而代之的却是“公开的、无耻的、直接的、露骨的剥削”[①]。对这一社会形态的超越只有通过无产阶级革命建立社会主义的方式才能实现。如何看待马克思有关经济—社会以及与政治之间关系的认识呢？如果说现代性的开启意味着对世界图景的想象由一套宗教叙事转变为世俗化的叙事，那么，马克思无疑“在尘世中看到了一个可以建设天国的力量，这就是生产力”[②]。“阶级”根植于生产关系带来的群体分化与冲突中，阶级斗争成为“历史发展的伟大动力”[③]，甚至是“直接动力”[④]。生产力的发展与阶级斗争之间的循环往复最终导致阶级关系的消解，达到共产主义社会的理想目标。

人民民主专政的建立最初源于马克思无产阶级专政的理论，其内涵经历了不同阶段的流变。中共二大将“无产阶级专政”改为“建立劳农专政的政治”，并提出建立“民主主义联合战线”的主张，具体来说是“实现无产阶级、小资产阶级及中产阶级左翼的联合统治”[⑤]。然而，1927 年国共合作失败之后，这一联合统治的设想破灭。1928 年 7 月，中共六大通过的《政治决议案》指出：“中国革命的动力，已经只有无产阶级和农民”，“必须用武装起义革命的办法，推翻帝国主义的统治和地主军阀及资产阶级国民党的政权，建立在工人阶级领导之下的苏维埃的工农民主专政”。[⑥]1935 年华北事变后，中日民族矛盾成为主要矛盾，抗日革命统一战线成为国家的迫切需求。此时，工农民主政权在面对这一主要矛盾时，将民族资产阶级纳入政权范围之内，毛泽东在《论反对日本帝国主义的策略》一文中指出：“人民共和国是代表反帝国主义反封建势力的各阶层人民的利益的。人民共和国的政府以工农为主体，同时容纳其他反帝国

---

① 中共中央马克思恩格斯列宁斯大林著作编译局：《马克思恩格斯选集》（第一卷），人民出版社 1997 年版，第 274 ～ 275 页。
② 洪涛：《韦伯与马克思——论“文化—政治”与“经济—社会”》，《当代国外马克思主义评论》2002 年第 0 期。
③ 中共中央马克思恩格斯列宁斯大林著作编译局：《马克思恩格斯全集》（第二十二卷），人民出版社 1965 年版，第 560 页。
④ 中共中央马克思恩格斯列宁斯大林著作编译局：《马克思恩格斯全集》（第十九卷），人民出版社 1963 年版，第 189 页。
⑤ 中共中央文献研究室编：《毛泽东文集》（第一卷），人民出版社 1993 年版，第 19 页。
⑥ 中共中央文献研究室编：《中共中央文件选集》（第四册），中共中央党校出版社 1983 年版，第 169 ～ 171 页。

主义反封建势力的阶级。”[①] 随着民族生存危机日益严峻，大地主大资产阶级英美派亦有了转向抗日的可能。在此境况下，“中共中央和毛泽东因势利导，在把‘反蒋抗日’的口号改为‘逼蒋抗日’政策的同时，适时地提出了‘民主共和国’的口号”[②]。直到 1948 年，中共中央宣传部《关于重印〈左派幼稚病〉第二章前言》中，“人民民主专政”才被作为一个完整概念提出。1949 年 6 月 30 日，在《论人民民主专政》一文中，毛泽东对人民民主专政的其级基础、领导力量、民主与专政的关系等根本问题进行阐明。具体而言，“人民”在当时指“工人阶级，农民阶级，城市小资产阶级和民族资产阶级”，人民在其内部实行民主制度，有言论集会结社等权利；专政对象指“地主阶级和官僚资产阶级以及代表这些阶级的国民党反动派”，他们并不享有这些政治权力。

“人民”是一个集合的、不确定的概念，这使得人民民主的内涵具有一定程度的开放性和适应性，并随着不同时期国家基本任务的变化而发生变动。

（二）人民民主的道义性：平等

民主是现代国家的正当性依据，与前现代国家相比，最为根本的差异在于，决定政治秩序原则即公正、自由、平等等价值理念的论证方式和主体发生了变化。古代帝国由少数具有宗教身份的知识精英提供一套超越性的宇宙图景来解释世界，并且这样一幅图景设定了相对客观的、恒定的、具有等级性的价值评价秩序。民主之下的国家政治秩序不再依赖超越秩序，古代客观的价值秩序消解，现代价值的实质还原为主体的意识，政治秩序的决定权在于“民”。按照刘小枫的观点，民主有两种基本类型：自由民主和人民民主[③]。

民主以个人主义为基本诉求，两种基本类型的差异在于：自由民主在个体与国家的政治关系层面界定民主，并以与国家权力相对的个体自由为基本信念，通过个体之间相互协商形成社会契约的叙事论证现代国家形成的必要性与正当性，并建构了一套国家决策与运行的方式；人民民主侧重在个体与国家的社会关系层面界定民主，视个体之间的自然平等为信念，以某一进步阶级为人民这一整体作主的方式作为国家决策的途径。这两种方式各有利弊且互为补充。自由民主的正当性论证可能陷入无休止的争辩且无法产生一个最终的结果，人民

① 中共中央文献研究室编：《毛泽东选集》（第一卷），人民出版社 1991 年版，第 159 页。
② 虞崇胜：《“人民民主专政”概念的历史考察》，《党的文献》1999 年第 5 期。
③ 刘小枫：《现代性社会理论绪论——现代性与现代中国》，上海三联书店 1998 年版，第 93 页。

民主可以避免这一困境，却同时可能异化为先进阶级的专断，导致国家决策与人民的整体利益不一致。

粗略来看，对西方较早完成现代化转型的国家而言，平等的诉求是在资本主义发展到晚期带来严重社会问题时产生的，其与自由的诉求两者之间的张力构成了政治秩序不断进行动态调整的动力来源。回到中国的语境，其对平等的诉求有着与西方不同的社会基础，具体而言有如下几个层次：首先是现代国际政治格局中民族共同体的生存诉求使得平等的理念在列国竞争的环境下为对抗西方国家提供了强有力的辩护，继而更能支持弱势民族国家的建构，这也决定了人民民主具有整体主义的性质；其次是国内社会严重的秩序危机要求一种具有整合性的理念，通过广大人民的认同实现社会不同层级的组织功能，平等显然是比自由更具道义性的理念，它对道德提出了更高的要求，按照马克思主义的设想，以平等为价值理念的社会主义社会所要解决的问题是：消灭剥削，消灭阶级，实现受压迫人民的解放。这一价值理念体现的道义性更高更普遍，上升到全人类解放的高度，也因此具有更强的凝聚力与整合力；最后，平等理念与中国传统政治文化中均贫富的大同想象有一定程度的相似性，更易为中国人接受。

从更为根本的情感动机来看，平等理念源于人之本能的怨恨心态，这是平等理念的情感根源。中国民族国家的建构与现代性的怨恨伦理有着密切的关联，笔者会在后文对这一问题予以详述，在此主要通过分析怨恨的性质来促进对现代平等理念之动机与结构的理解，继而对人民民主的道义性有一个更为深入的和整体性的认识。怨恨作为人之自然情感的流露并无古今中西的差异，然而，作为一种心性体验的现代性伦理来说，则是具有历史特殊性的。对此，德国思想大家马克思·舍勒从现象学哲学和历史社会学的角度对怨恨的性质及其形成的社会条件进行了研究。为揭示怨恨的本质，舍勒将其与报复感、恼恨感、嫉妒感等相近情感进行比较：就共性而言，这些情感都共同指向他者；就差异而言，形式上的差异，一方面体现为情感的强烈程度，“作为这些情绪之上升的结果，怨恨感所表现的则是一种更为持久的心态”，报复感、恼恨感等“只有在其产生之后不断被抑制而又不能在直接的行为反应中被化解的情况下才淤积为怨恨”[1]；另一方面体现为是否要具备特定的诱因。最为重要的是实质性的差异：怨恨涉及生存性的伤害、隐忍与无能感，它在本质上是一种生存性伦理的情绪。这种情绪将“他人的纯粹的生存”当作“自己的可怕的尺度，或在‘指责’、‘压制’自己的生存”[2]。这是一种特殊的将自己与他人进行价值攀比的心理结构，即在攀比或比较中来理解自我和他者，与之相对的是没有比较意识的理解，即认定自我与他者是从自身内容中体验到的实在价值。价值攀比的心理结构或思维方式会导致两种心态：一种是强者的奋进心态，一种是弱者的怨恨心态。据此，可以将怨恨描述为“比较者在生存性价值比较时感到自惭形秽，又无能力采取任何积极行动去获取被比较者的价值，被比较者的存在对他形成一种生存性压抑”[3]。为消除这种生存性压抑，怨恨者要么通过在幻象中贬低被比较者的价值以增强自我的价值，要么提出另一种与被比较者不同的价值。

那么，怨恨又何以作为一种现代性伦理，并以平等的价值观呈现出来呢？舍勒从历史社会学的角度进行了分析。在舍勒看来，只有当这种价值攀比的心理结构成为一个社会中价值理解的主导类型时，怨恨才与现代性发生关联。在等级森严的社会制度下，生存性的价值比较只发生在不同群体所属等级的范围之内，这种比较并不挑战等级秩序限定的价值序列，因此社会怨恨程度较低；然而在现代竞争型的社会制度下，政治、经济等资源的实际所属与既定的社会评价标准之间的差异暴露出来，原有的身份认同不复存在，生存性的价值比较突破原来等级的藩篱，这种比较的频繁与活跃带来社会怨恨的积聚。人人生而平等正是这种生存性价值比较意义上的产物。如果说，资本主义社会是由这种价值攀比的心理结构中强者的奋进欲推动形成，那么社会主义社会可以将弱者的怨恨心态视为其推动力。人民民主以社会主义社会作为其目标，正是以无产阶级的平等诉求为其根本动力，而这根源于生存性比较中弱者的怨恨心态。

---

① 韦海波：《怨恨论：尼采与舍勒》，《理论界》2007 年第 3 期。

② ［德］马克思·舍勒：《道德意识中的怨恨与羞感》，刘小枫主编，林克等译，北京师范大学出版社 2014 年版，第 16 页。

③ 刘小枫：《现代性社会理论绪论——现代性与现代中国》，上海三联书店 1998 年版，第 363 页。

第二节　人民司法传统的政法逻辑

在上一节中，笔者就人民司法传统的合法性基础人民民主的缔造过程与基本内涵加以阐释，指出人民民主是革命时期马列主义中国化的产物，这一政权选择过程既体现了中国革命现代性的平等价值，又承继了儒家政治文化传统泛道德主义的深层特性。中华人民共和国成立后，革命党转为执政党，人民民主的理念与以其为核心的制度性建构和相关话语形塑着新中国的政治实践，其中，“人民”被赋予神圣性，并成为最具分量的话语。为突出“人民”的主体地位，抑或政权的合法性基础，毛泽东在 1948 年 9 月的中共中央政治局会议上说：“我们是人民民主专政，各级政府都要加上‘人民’二字，各种政权机关都要加上‘人民’二字，如法院叫人民法院，军队叫人民解放军，以示和蒋介石政权不同。”① 作为政权职能之一的司法，其“人民司法”的表达亦渊源于此。人民司法传统从陕甘宁边区大众司法的确立到中华人民共和国成立后日益成熟的实践，与政权的形成到完善相同步，并始终贯穿着人民民主的要求。本节对人民司法传统的论证既不是对其形成与完善的过程进行历史社会学径路的考察，也不是从表象入手对其涉及的各个方面加以描述，而是结合上节对人民民主相关特性的理解，突出人民司法传统的政法逻辑，在政法关系的框架内对人民司法传统的实践特点加以阐释，以期对人民司法传统有一个更为深化的认识。

一、人民司法传统政治面相的教化性

1934 年，中共在陕甘宁边区各县初创革命政权，随着政权的逐步稳定，开

---

① 中共中央文献研究室编：《毛泽东文集》（第五卷），人民出版社 1996 年版，第 135 ～ 136 页。

始着手进行政权建制，边区司法制度是其中重要的内容。初建的边区司法制度有明显的大众化倾向，然而1940年后随着一批接受过现代西方法学教育的以李木庵、雷经天为代表的专业司法人员加入边区司法队伍，一场以强调司法审判规范化与专业化的争论在边区展开，并引发了内部的司法改革。这场改革以失败告终，并最终确立了大众化司法的理想图景。这一结果是诸多合力综合作用使然，其中，政治上的考量是极为重要的因素。无论在革命时期，还是新中国成立后的国家建设时期，司法工作始终服务于政权的建立与巩固，它本身就构成政权建设的一部分。因此，在这一历史时期中逐渐成型的人民司法传统要遵循政治运作的逻辑并体现其特性，在笔者看来，这一重要特性便是政治的教化性，它决定了中共领导下人民司法传统的终极目标是善，法官不仅是法律的适用者，更是新中国社会主义道德的布道者。具体到司法的体制建制中，体现为对司法审判人员选任与管理的要求以及群众路线的工作方法。

（一）政治教化性与司法的终极目标

1. 革命教化政体

前文已述，中国政权的选择尽管从内容上遵循了新文化运动以来反传统的思潮，排斥传统的礼教及其儒家理念，却在精神内核上延续了儒家文化泛道德主义的教化传统及相应的一体化组织模式。“共产党通过马克思主义中国化的道路成功地造就了一个新的政治教化，即共产主义的新政治教化”①，在这一现代化过程中，“主义”取代“儒教”的道统地位，不仅为国家政权提供正当性依据，还将世界观与人生观嵌入国家与社会的建构中，换句话说，“政治教化”指国家既担负着社会伦理的意义阐释，又同时为公民的伦理和人生意义划定准则。冯仕政将这一在民族解放运动中形成的具有道义担当的国家政权形态称作“革命教化政体”。结合毛泽东对共产党领导地位的论述，冯仕政将“革命教化政体”的特征归纳为以下三点②：一是“革命的彻底性”，表明了国家对社会（及人）进行改造的强烈使命感；二是“大公无私”，这点与现代国家的民主性相呼应，表明国家对社会的改造要符合人民的利益，“为人民服务”这一党的根本宗旨和立党之本亦是此意；三是富有远见，人民民主以先进阶级为民做主的方式

---

① 唐文明：《政治自觉、教化自觉与中华民族的现代建构》，《经学研究》2014年第2期。

② 冯仕政：《中国国家运动的形成与变异：基于政体的整体性解释》，《开放时代》2011年第1期。

进行国家决策，因其掌握社会发展的规律（真理）所以能够确保民众的根本利益。这些特性使得“国家与民众的关系既不是代表与被代表的关系，也不是统治与被统治的关系，而是领导与被领导的关系。基于这种关系，国家有权对民众进行教育和改造，使之认清历史发展规律，放弃一己之私和一孔之见，服从国家所代表的全民整体利益和根本利益”①。

如何看待以人民民主为正当性根源的革命教化政体呢？笔者在第一节已经从内在意义的诉求和社会整合功能的需要这两方面对这一政体最终合法化的历史必然性进行了分析，在这里，为突出其“教化性”，从静态的视角对比革命教化政体与国家世俗化过程中政教分离的自由民主政体，其根本性差异在于宗教在民主政治秩序中的表现形态及其功能范围。

所谓教化通常是指某种具有超越性的教义或规范对人的思想或精神世界产生影响，从而使人成为人。教化是人格培育与完善的重要方式，而人对超越性意义的需求亦是本性使然。在前现代社会，政权的正当性依据超越性的宗教理念②，这一宗教理念通过社会化机制为社会秩序提供意义共识，并间接规范个体行为。随着国家的世俗化与社会的结构分化，一方面宗教逐渐退出政治领域并构成社会诸系统中相对独立自主的子系统，另一方面宗教体系内部开始分化，以个体或群体自主建构意义体系的形式回到私人域中，形成多元意义共存的局面。此时，宗教信仰“不再是一种集体的社会沟通信码，反而是一种个体走向自我建构的信码………通过宗教认信，个体更多确定的不是与彼岸的关系，而是高度分化的社会处境中个体的定位”③。因此，自由民主政体之下具有统一性的实质价值是不存在的，社会意义共识更多指一种冲突解决机制的共建。相比之下，以马列主义为革命纲领建立的政党是一种社会性组织。作为理念体系，马列主义具有信仰性的意义设定，其内部与儒家思想一样由世界观、社会观与人生观三部分统合而成。当以信仰伦理为特性建立的社会性组织与国家政权相结合时，这一信仰伦理或曰政党伦理便会转变为国家意识形态，无论是国家政权建设还是社会建设，都会以其描绘的美好蓝图为目标。因此，人民民主的国

① 冯仕政：《中国国家运动的形成与变异：基于政体的整体性解释》，《开放时代》2011年第1期。

② 在对儒家思想的讨论中，有一种观点认为儒家并非宗教，对此，杨庆堃指出，儒家思想是一种混世宗教，宗教制度与世俗制度相混，区别于独立宗教。参见［美］杨庆堃：《儒家思想与中国宗教之间的功能关系》，载《中国思想与制度论集》，（台北）联经出版事业公司1976年版。

③ 刘小枫：《现代性社会理论绪论——现代性与现代中国》，上海三联书店1998年版，第503页。

家建设中，政教依然是合一的。那么，与古代政教合一的帝国相比，人民民主的国家建制，其现代性又体现在哪里呢？何以说它是一种民主类型而非封建专制？根本性区别在于教义的精神根源在于超世的上帝或上天还是现世的“人民”。古代帝国以超世的存在作为精神根源，人民民主将“人民”作为教义的精神根源，尽管“人民”具有至高性和神圣性，从实质内容来说，较之于超世存在，“人民”更少神秘性，更多世俗性。

综合上面的分析，革命教化政体具有教化性，其缔造模式及内涵决定了社会伦理与人心秩序的建构是国家的义务。

2. 人民司法传统的终极目标：善

如前所述，革命教化政体内在包含了用道德改造社会与人的内在要求，以期实现社会的移风易俗与国民素质的整体提升。司法是国家合法性再生产的场域之一，亦担此教化之任。共产党强调司法要“办理一案，教育一片”：首先，审理案件要加强对当事人的思想教育；其次，在教育当事人的同时也要对案外的人民群众进行教育。“根据政策、法律，尽可能用调解、说服、批评教育的方法来解决，并从加强思想政治教育倡导新社会的道德风尚，来促进矛盾根本的解决。”[①]

教化的主要方式就是思想教育工作，教化即教育感化，其暗含的情感因素是父爱式的，“兼有专断和疼爱两种性格”[②]。专断是出于疼爱，更是确信是非对错的判断标准在被教化对象受到思想教育后会毫不犹豫地接受和认同。教化的道义责任与强调思想教育使得司法并不止于“一判了事”，“而是以‘善’（最大限度有益于人民）为自己的最终理想”[③]。

如何理解这里的“善”呢？笔者以为“善”可以从国家和民众两方面来看。从国家层面来说，如前所述，革命教化政体勾画了一幅崇高而理想的蓝图，其实现依赖人性发展到极高的境界。善便是凝结在这些崇高理想中的社会伦理，同时是对组成该社会的个体的道德要求。崇高理想分为两类：一类通过人为的努力可以达到，另一类为人力难以企及，亦称作乌托邦。1950 年新中国颁布的第一部法律《中华人民共和国婚姻法》，这部法律传递了新社会婚姻关系的价值

① 董必武：《董必武法学文集》，法律出版社 2001 年版，第 406 页。
② 冯仕政：《中国国家运动的形成与变异：基于政体的整体性解释》，《开放时代》2011 年第 1 期。
③ 何永军：《断裂与延续：人民法院建设（1978—2005）》，中国社会科学出版社 2008 年版，第 134 页。

导向：倡导男女平等与婚姻自由。与旧社会中的男尊女卑、包办婚姻相比，新的价值导向无疑是更高的要求，它不仅需要女性在婚姻一事上获得自我主体意识的启蒙，也需要男性在主体意识启蒙的基础上懂得两性之间的平等与尊重。尽管这部法律的颁布在当时产生了极大的影响，并于1953年掀起一股贯彻《婚姻法》的全民运动，但在社会经济发展水平与人的主体意识稳定、健全之前，这部法律所倡导的婚姻价值是难以深入贯彻落实的。事实上，据相关研究，中华人民共和国成立初期，全国各地出现了农村妇女因主张自己的权利最终走向自杀或被杀的现象。① 直到20世纪80年代，在离婚案件的审理中，法官还是以对当事人进行婚姻道德教育与劝和为主。从民众的层面来看，正因为个体的德性培育需要漫长的时间，无法一蹴而就，同时与社会物质条件等因素相关，因此，善是具体时空环境下多数人认同的价值理念。此时，人民司法对善的追求意味着得到当事人及其所在地区多数人的认同。日本学者高见泽磨说："在中国，纠纷的解决，可以说是由通过说理来解决的第三者（说服者）和被说理从而心中服气的当事人（心服者）一起上演的一出社会戏剧。"② "心服"就是当事人从情感上对结果认同，是个案实现实质正义的体现。

（二）通过司法实现政治教化的路径

马克思区分了作为"观念的上层建筑"的意识形态和作为"法律的和政治的上层建筑"的国家机器。政党的教化构成观念的上层建筑，并通过政党建设来维系。国家的治理与社会的发展则需要政党教化进一步落实为国家教化，这一落实过程借助"政治传播者"来完成。在中国，"政治传播者"的主体是干部。于是，为了保障意识形态的维系与实现，干部队伍的塑造就是关键。在有一支良好的干部队伍的基础上，政治教化的实现还要倚赖恰切的方式。"建立之初的中国共产党作为共产国际的远东支部，其本身就是一个近代中国体制之外的外生型政党组织……中共最终走进中国的中心舞台并扮演轴心角色，其前提就是要走进中国社会。"③ 这是一个交织着政党、社会、组织结构与制度的复杂的动态场域，只有当党员干部占据这一场域中各个核心的节点，并"凭借思

① 王申红：《新中国成立初期皖北农村妇女因婚死亡现象探析》，《历史教学》（下半月刊）2014年第10期。
② [日] 高见泽磨：《现代中国的纠纷与法》，何勤华等译，法律出版社2003年版，第73页。
③ 王海峰：《干部国家——一种支撑和维系中国党建国家权力结构及其运行的制度》，复旦大学出版社2012年版，第119页。

想、组织、制度的优势”[①]，获取组织与动员群众的权威时，才能真正有效渗透社会，也即“走进”社会。对于共产党来说，这是一个并无多少前鉴、需要靠自己在实践中反复试错的过程。结合革命战争年代的实践经验以及马克思主义“人民群众创造历史”的群众史观，中共探索出的方法是走群众路线。在《关于领导方法的若干问题》一文中，毛泽东明确提出并深入阐述了“从群众中来，到群众中去”的工作方法，他说：“这就是说，将群众的意见（分散的无系统的意见）集中起来（经过研究，化为集中的系统的意见），又到群众中去作宣传解释，化为群众的意见，使群众坚持下去，见之于行动，并在群众行动中考验这些意见是否正确。然后再从群众中集中起来，再到群众中坚持下去。如此无限循环，一次比一次地更正确、更生动、更丰富。”[②]按照哈里森的观点，党的群众路线的工作方法是“一个反复逼近的方案”，“它必须不断地运用，以一步一步地靠近群众的利益。这个过程只有起点，但没有终点”。[③]在这个属于实践域的过程中，政党干部既是领导者，又是参与者。干部“收集群众的多元性的想法，并非因为它们有着知识层面上的‘正确性’……随时收集它们恰恰是因为这些想法映射出群众在他们所置身其内的生活世界中的具体状况，映射出他们对共同体的最直接的实际感受”[④]。也因此，“‘群众路线’与科学、知识、真理无关，而是同生活、利益、福祉相关”[⑤]。

综上，干部队伍的建设与群众路线在司法系统中的具体实践便构成通过司法实现政治教化的重要内容，下文分别予以阐述。

1. 司法人员的录用与管理

司法人员的录用与管理遵循干部建设的相关要求。从录用标准来看，中华人民共和国成立以后，干部录用的首要标准是“又红又专”。对干部的选任，共产党历来坚持德才兼备的干部原则和任人唯贤的干部路线。“共产党的干部政策，应是以能否坚决地执行党的路线，服从党的纪律，和群众有密切的联系，有独立的工作能力，积极肯干，不谋私利为标准，这就是‘任人唯贤’的路线。”[⑥]

---

① 王海峰：《干部国家——一种支撑和维系中国党建国家权力结构及其运行的制度》，复旦大学出版社 2012 年版，第 120 页。

② 毛泽东：《关于领导方法的若干问题》，《毛泽东选集》（第三卷），人民出版社 1991 年版，第 899 页。

③ Scotte Harrison, The Mass Line and the American Revolutionary Movement, unpublished manuscript. 转引自吴冠军《“群众路线”的政治学》，《同济大学学报（社会科学版）》2014 年第 3 期。

④⑤ 吴冠军：《“群众路线”的政治学》，《同济大学学报（社会科学版）》2014 年第 3 期。

⑥ 中共中央文献研究室编：《毛泽东选集》（第二卷），人民出版社 1991 年版，第 527 页。

新民主主义革命后，在革命战争中培养和成长起来的干部走上领导岗位，成为国家的管理者。面对干部队伍中出现的精通政治工作的干部不擅长技术性要求高的工作和懂技术、精管理的干部在政治素养方面薄弱的问题，在1957年中共八届三中全会上，毛泽东提出了“又红又专”的口号：“政治和业务是对立统一的，政治是主要的，是第一位的，一定要反对不问政治的倾向；但是，专搞政治，不懂技术，不懂业务，也不行。我们的同志，无论搞工业的，搞农业的，搞商业的，搞文教的，都要学一点技术和业务。……我们各行各业的干部都要努力精通技术和业务，使自己成为内行，又红又专。”[①]“又红又专”的干部标准可以视为“德才兼备”原则的细化。“文革”之后，针对干部群体中存在的年龄偏大的现象，“又红又专”的标准得以进一步充实，形成了“革命化、年轻化、专业化和知识化”的四化标准。总体来看，尽管干部标准在表述与内容上有差异，其背后的基本精神是一致的，即对干部的要求要综合政治态度与业务能力。

在陕甘宁边区确立的大众化司法实践中，工农司法人员构成当时司法系统的主导力量。这些司法人员大多未接受过法律教育，缺乏专业素养，但这并不妨碍其业务能力。出于夺取政权以及强化政党对社会整合能力的考量，这时确立的大众化司法强调司法人员的“人民”立场，“工农”的身份符合“红”的要求，另一方面，工农司法人员来源于基数广大的人民群众，他们熟悉民情，能够实际地解决问题。而当国家进行常规化建设时，“又红又专”的标准开始重视“法”的专业性。在1952年的全国政法干部培训会议上，彭真讲道：“我们要求司法干部具备的条件：第一，立场坚定，观点正确；第二，熟悉政策、法律。”[②]在之后的人民司法工作会议上，这两方面的要求依然被加以强调。

从可操作性的层面来看，“又红又专”的标准体现在事前的录用方式与事后的管理这两方面上。首先是司法人员的录用，“红”的要求主要通过政治审查这一措施加以保障。政治审查源于苏共党建的经验，是对被考察人入党资格进行检审的筛选措施，将不符合条件的人员及时排除。在中华人民共和国成立后，政治审查的适用范围不再局限于党建，而是拓展到征兵、招生等各个领域。政审的标准和内容在不同历史时期有所差别。在革命的背景之下，政治审查的内容基本上贯彻了党的阶级路线。“一般而言，对一个试图进入法院工作的人员的

---

① 中共中央文献研究室编：《毛泽东文集》（第七卷），人民出版社1999年版，第309页。

② 彭真：《论新中国的政法工作》，中央文献出版社1992年版，第74页。

政审内容包括审查本人的政治面貌、政治历史状况，对党的路线、方针、政策的态度，以及在重大政治斗争中的表现等等。”[①] 前已提及，陕甘宁边区时期，工农干部作为司法人员的主力便是以“政治成分”作为标准。值得一提的是，革命背景之下，司法人员以党员和团员为首选，“有时法院在招人时为了保险起见，还特意规定只有共产党员才有资格报名”[②]，以保障司法队伍的纯洁性。尽管50年代已经提出了“又红又专”的要求，政权的巩固与建设往往忽略了“专”的要求。其次是司法人员的管理，与司法人员的录用面临的大环境一样，此时，在“专”的要求无法达到的前提下，也就不用谈“专”的维系，这里主要论述“红”的维系，具体措施是开展政治思想教育。政治思想教育就是政治学习，内容包括领导人的思想以及不同时期党的路线、方针、政策等。政治思想教育是马列主义中很重要的内容，中华人民共和国成立后，面对更为繁杂的工作，政治问题与思想矛盾突出，共产党人在不同会议上多次提及思想政治教育的重要性。毛泽东在《关于正确处理人民内部矛盾的问题》中指出：“在一些人的眼中，好像什么政治，什么祖国的前途、人类的理想，都没有关心的必要。好像马克思主义行时了一阵，现在就不那么行时了。针对着这种情况，现在需要加强思想政治工作。”[③] 彼时，党对各大高校执行政治思想任务做出要求，对身处政法系统的司法人员来说，政治思想教育的重要性就不言而喻了。

2. 司法的群众路线

前已述及，群众路线是实现政治教化的总方针，具体到司法领域，其实现方式是什么、如何操作，并没有一个事前的完美规划。按照后来者的阐释，以调解为核心的马锡五审判方式被视为实现司法群众路线的具体方式，且具有典型意义。若将这样一种定位还原到历史的语境中，我们会发现，马锡五审判方式的出现不过是个偶然事件，从偶然事件到被推行为具有普遍意义的制度，这一过程体现的是人的创造性而非思维的逻辑性。下文拟对马锡五审判方式的特点进行描述，并分析其与政权结合的过程中与传统的纠纷解决方式调解和遵循法律自主性规律的审判之间的异同，揭示马锡五审判方式体现的群众观点和联系群众的精神。

①② 何永军：《断裂与延续：人民法院建设（1978—2005）》，中国社会科学出版社2008年版，第160页。
③ 中共中央文献研究室编：《毛泽东文集》（第七卷），人民出版社1999年版，第226页。

（1）作为司法技术的马锡五审判方式

马锡五于 1943 年 3 月兼任陕甘宁边区高等法院陇东分庭庭长，由此始从事司法工作。他缺乏法律方面的专业性知识，也没有多高的文化水平，但阅历丰富，了解地方民俗，在审理案件时能够扬长避短。根据史料考证，从当年马锡五审理的颇受大众认可的案件，如华池县封棒儿与张柏儿婚姻案，李能与胡生清婚姻案等中，我们可以大致归纳出马锡五审判方式的特点：

首先，深入群众、调查研究。通过进入案发地调查取证，询问涉事人群，综合获取的各方面信息理清事情的来龙去脉。这种方式企图尽可能地还原案件发生的真实过程，“一切从实际出发，实事求是，客观、全面、深入地进行调查研究”①，反对主观肆意地判断。在 1943 年至 1946 年间，马锡五审理的诸多案件中几乎都经历过一审，然而，一审判决多建立在错误的事实基础上。例如，苏发云兄弟杀人案，马锡五通过调查走访，找到苏发云不在场的证人，排除作案可能，且根据走访中获得的证据查出真凶，推翻一审判决。②

其次，巡回审理、就地办案。这是就办案地点而言，法官在亲自下乡充分了解案情后，在当地直接做出判决。这一来免去了当事人来回跑的时间与费用，二来简化了程序，提高了办案效率。总之，这一方式大大便利了民众。

最后，审判与调解、法庭与群众相结合。③这是司法群众路线实质精神最好的体现。通过说理教育的方法达到情理与法理的融合，再加上询问群众的意见形成隐形的强制力，当事人双方更易妥协，从而促成问题的解决。这一方面使群众参与到案件的审理中，体现了人民民主，另一方面在说理的过程中又对包括当事人在内的群众进行了教育，实现法律效果与社会效果的统一。

从整体上来说，马锡五审判方式是一种“广场司法”。“广场司法”是“一种人人直接照面的、没有身份和空间间隔、能够自由表达意见和情绪的司法活动方式”④。“广场”一词暗示了司法活动空间的开放性与参与性，支配这一场域的整体精神气质由在场所有人的感性情绪决定，早期的广场司法如神明裁判，具有浓厚的宗教性，后世的广场司法则以人们朴素而直观的道德情感取代原先

---

① 张希坡：《马锡五审判方式》，法律出版社 1983 年版，第 42 页。

② 更多案件的详细介绍，参见张希坡《马锡五审判方式》，法律出版社 1983 年版。

③ 这一点是边区政府对马锡五审判方式的认识与总结，参见李维汉《陕甘宁边区政府工作回顾》，载李维汉《回忆与研究》（下），中共党史资料出版社 1986 年版，第 604 ～ 612 页。

④ 舒国滢：《从司法的广场化到司法的剧场化——一个符号学的视角》，《政法论坛》1999 年第 3 期。

的宗教性。“广场司法”适宜三种情形：一是血缘—地缘关系亲密、法律信念和法律感知相近的熟悉社群；二是激进的革命、社会改革运动或政治运动；三是法律威慑功能和形象之张扬。[①] 马锡五审判方式兼具这三种情形的相关特点：从适用对象来说，其针对的是处于乡土环境下的群众，人们日常生活的维系具有强烈的亲缘、地缘与人格化属性；从适用的功能来看，马锡五审判方式服务于政治的教化作用；从适用的目的来看，在民众中树立法律的权威是其意图之一。马锡五审判方式暗含的精神气质与法律自身保守克制的品性是相悖的，但是，在一个没有民主传统、民智未开的环境下，传递一种品性冷静、克制的事物却需要借助激进、甚至狂热的方式，让人们首先从情感上接受，然后渐渐认识习得事物的真正意涵并从理性上认同它。

（2）作为政治话语实践的马锡五审判方式

进一步深思，作为一种解决纠纷的方法，马锡五审判方式与民间调解并无多少差异。更进一步，调解与审判是两种独立的司法技术，以是否以法律为依据为区分，这两种司法技术之间是存在冲突的。那么，何以马锡五审判方式能够区别于民间调解，与此同时又将彼此间充满张力的司法技术融合在一起呢？对这两个问题，强世功在法律的治理化[②] 这一视角下进行了鞭辟入里的分析。也只有在理解了这两个问题的基础上，才能理解马锡五审判方式如何一步步转化为政治话语实践，并被加以广泛推行。强世功的思路与笔者在这里强调的将马锡五审判方式作为政治教化实现的路径，两者传达的意思是一致的，基于此，笔者结合强的分析，予以阐释。

1942 年左右，陕甘宁边区开展了一场以司法审判规范化和人员专业化为内容的司法改革，无论是在理念上还是制度上，都做出了不少革新。然而，这场改革以失败告终。如何回应大量的诉讼纠纷成为一个棘手的问题。1943 年，边区政府颁布《陕甘宁边区民刑事件调解条例》，推广民间调解，一来这是民众较易接受的解纷方式，二来可以减少诉讼。边区的调解有两种类型：一是审判中的调解，二是民间调解。民间调解主体有二：一是群众，调解人多为民众中有权威者；二是区乡政府。通常来说，调解的依据是民间习俗，对于有着改造社会使命的共产党来说，将调解作为一种政策加以推行“并不意味着将地方政

① 舒国滢：《从司法的广场化到司法的剧场化——一个符号学的视角》，《政法论坛》1999 年第 3 期。
② 强世功：《权力的组织网络与法律的治理化——马锡五审判方式与中国法律的新传统》，《北大法律评论》2000 年第 2 期。

治完全交给原来的地方精英来解决，也不意味着将维系乡村社会秩序的权力空间留给乡村习惯法和原来的地方精英”[①]。乡村习俗与党的意识形态中蕴涵的理念是交叉关系，与之不符的，不能为党所倡导。因此，对于民间调解，党需要将之纳入权力控制的范围并加以限制。从较为整体性的角度来看，边区时期以及之后的民间调解，在党的一系列权力技术的操作下，从传统社会的“权力组织网络”中解放出来并嵌入一个全新的“权力组织网络”。具体来说，这一权力组织网络消解与重构的过程是通过阶级斗争的方式，建立起与意识形态相符的一套新的身份等级体系来实现的。这一过程筛选出新的地方精英，并使之与政权之间建立起有效的支配与服从关系。然而，尽管党对民间调解有大致的把控，从微观的层面看，民间调解在对意识形态的灌输这一点上却做得不尽完善。将正式的司法审判融入调解，是一种更加利于监督和把控的策略。在陕甘宁边区的司法实践中，甚至是杀人案，调解也成了必经的程序。如果仅从法律规范的角度来看，调解在法律有明确规定时显然是违背了法律的内在精神的。在强世功看来，只有在法律的自主领域外才能理解这两种技术的融合，这种融合以强烈的实践性为特点，“我们既不能说采用调解制度是由于当时的政治、经济和社会文化的结果，也不能说调解制度是一种独立存在的制度事实。毋宁说，调解作为一种法律的技术已经和法律之外政治经济和社会文化紧紧地联系在一起，形成一个纠缠不清的关系之网”[②]。如何理解交织在一起的复杂关系呢？在笔者看来，审判与调解的结合模式满足了实践的多元诉求，这些诉求相互之间就是充满张力的，此时，观念层面的统一性与一致性要让位于实践自身可能达成的某种平衡。具体来说，这些诉求具有层次之分以及目的与手段两个维度，按照宏观到微观这样的层次，包括：实现意识形态的宏伟蓝图，自上而下贯彻意识形态，树立国家（法律）的权威，个案的解决实现实质正义并使得个案当事人及案外群众获得教育。调解与审判相结合，相当于是借助国家（法律）权威的符号重新包装调解这一解纷技艺，调解取得良好的效果能够促进民众对国家（法律）的认同，在被说服、教育的过程中达成对民众未来行为的规制，这一未来的预期又有助于法律秩序的循序生成，最终实现意识形态所要达成的美好目标。可见，这些目标的实现在观念层面有着时间的先后顺序，但在实践层面却

---

① 强世功：《权力的组织网络与法律的治理化——马锡五审判方式与中国法律的新传统》，《北大法律评论》2000 年第 2 期。
② 强世功：《法制与治理——国家转型中的法律》，中国政法大学出版社 2003 年版，第 114 页。

是交织在一起的，个案圆满解决的效果既是即时的，又是长远的。鉴于此，重要的是找到一种能够对各目标实现都有利的方式，马锡五审判方式便是能够满足这一需求的方式。

正是因为马锡五审判方式潜在的政治效应，它被当作共产党解决司法问题的理想方式加以推广。尽管边区司法系统内对这一方式产生过质疑与争议，但边区领导、边区高等法院都对其进行了高度肯定。如习仲勋指出："马锡五审判方式的精神就是'从案件开始到结束，不脱离群众，就是经过群众解决案子……采取这样的方式，我们可以深入群众，组织临时法庭，经过群众把这个问题搞清楚后，再依据法律解决'。"[①] 边区高等法院代理院长王子宜也曾表态："马锡五审判方式的基本精神，不管是农村，还是城市；不管是上级人员，还是下级人员，都是完全可以，而且应该充分的运用的。"恰如王子宜所言："我们提倡马锡五审判方式，是要学习他的群众观点和联系群众的精神，这是一切司法人员都应该学习的，而不是要求机械的搬用他的就地审判的形式。"[②] 当马锡五审判方式被视作边区司法经验的代表加以大范围的宣传与推广时，对它的阐释与理解逐渐远离司法技术的性质，转而变成巩固、宣扬共产党意识形态的政治话语实践，"成为共产党贯彻其政策和政治原则的一套普遍使用的组织技术"[③]，以实现批判旧司法、确立新司法并且教育群众、改造社会的目的。

二、人民司法传统法律面相的依附性

对于一个负有道义担当的国家，人民司法传统政治面相的教化性与法律面相的依附性实则是一体两面。依附性是从法律出发对"法"与"政"关系的概括，革命环境将"法"对"政"的依附程度推向极致。就阐述对象而言，政治面相侧重实质内涵，法律面相侧重手段方式。尽管上文提及司法政治教化实现的路径，如马锡五审判方式，看似是事关手段方式的言说，在具体论证时仍然以其暗含的精神实质即政治的教化特性为重，论述重点是政治。人民司法传统

① 习仲勋：《在陕甘宁边区第二届司法会议上的报告》，陕西省档案馆档案。
② 王子宜：《在陕甘宁边区第二届司法会议上的报告》，陕西省档案馆档案。
③ 强世功：《法制与治理——国家转型中的法律》，中国政法大学出版社 2003 年版，第 121 页。

法律面相的论述更注重可操作性层面的相关制度规定，下文从服从党的领导和为中心工作服务两方面进行论证。

（一）服从党的领导

党的领导是政法工作的总原则，这是由政党—国家的政治体制决定的，在第一节中对这一点已有说明，在此不赘述。对于法院的司法工作而言，服从党的领导是这一总原则的应有之义。党对司法系统的领导有两大方面：一是领导司法队伍的建设，二是领导具体的司法业务。其中，党领导司法队伍的建设为司法业务上的具体领导奠定基础。陕甘宁边区政府时期，为加强党对各项事务的领导，通过前文提及的列宁式政党组织嵌入国家机构中的模式，建立了以同级党委和政府为核心的双重领导体制，替代了原先的纵向领导体制。在毛泽东看来，这样一种“分工而又统一的一元化的方法，使一件工作经过总负责人推动很多干部、有时甚至是全体人员去做，可以克服各单个部门干部不足的缺点，而使许多人都变为积极参加该项工作的干部。这也是领导和群众相结合的一种形式”①。换句话说，政府的各个部门在不同层级都要受到横向的党委的统一领导。这样一种双重体制延续到新中国，成为新中国政法体制的基本架构。对司法系统来说，党对司法的领导主要通过政法委员会来实现。鉴于司法队伍建设的相关内容，如司法人员的选任与管理等已经有所阐述，这里集中论述政法委员会对司法业务加以领导的内容和方式。

1. 政法委的性质与职责

从新中国成立到改革开放前的近三十年间，作为党领导司法的组织机构，政法委在其性质上发生过一次转变。具体来说，转变前后政法委性质如下。

在1949年至1954年宪法颁布之前，政法委是政府的工作部门。这一时期的政法委有三个层次：中央层面，根据1949年9月27日中国人民政治协商会议全体通过的《中央人民政府组织法》，中央人民政府委员会组织政务院，作为国家政务的最高执行机关。政务院下设政治法律委员会、财政经济委员会、文化教育委员会、人民监察委员会等负责各行政事宜，其中，政治法律委员会指导内务部、公安部、司法部、法制委员会和民族事务委员会的工作。地方层面

① 中共中央文献研究室编：《毛泽东选集》（第三卷），人民出版社1991年版，第901页。

可以分为两类：一是县级以上地方政权，二是县级基层政权。在大区、省、市三级政府内部设有政治法律委员会，县级基层政权则可以根据各地区实际需要决定是否设立。建立政法委员会的，党通过在政法委建立分党组干事会（中央）和分党组（地方）的方式实现对相关政法部门的领导；没有建立政法委员会的，通过建立政法联合办公室（基层）、政法党组或党委政法口来领导政法工作。有一点需要指出的是，政法委能以政府工作部门的性质对司法系统加以支配，主要在于那时司法与行政没有分离，根据《中华人民共和国人民法院暂行组织条例》第10条第2款的规定："各级人民法院（包括最高人民法院分院、分庭）为同级人民政府的组成部分，受同级人民政府委员会的领导和监督。"

政法委在此之后的转变受到两条主线的影响：一是党中央对国家领导方式的变化，即党对国家的领导力度加强；二是五四宪法的颁布。首先来看第一条主线。1952年始，以毛泽东为代表的中央领导人逐渐改变《共同纲领》中确定的经济建设的根本方针。《共同纲领》并未将社会主义的构想纳入其中，就经济领域而言，制定的是混合经济的政策：国营经济、合作社经济、私营经济、国家资本主义经济、农民和手工业者个体经济共存，旨在"达到发展生产、繁荣经济之目的"。然而，在1952年9月24日召开的中央书记处会议上，毛泽东提出："我们现在就要开始用10年到15年的时间基本上完成到社会主义的过渡，而不是10年或者以后才开始过渡。"在这一想法的支配下，同年11月3日的会议上，"消灭资产阶级，消灭资本主义工商业"的要求被提出来。[①]就在毛泽东提出这一要求不久，政务院财政经济委员会修订了《全国税收实施要则》，取消对国营经济和合作社经济税收方面的优待，在纳税上对公私经济一视同仁。这一"修正税制"事件受到毛泽东的高度重视，且受到了他的直言批评："'公私一律平等纳税'的口号违背了七届二中全会的决议；修正税制事先没有报告中央，可是找资本家商量了，把资本家看得比党中央还重；这个新税制得到资本家叫好，是'右倾机会主义'的错误。"[②]在这之后，毛泽东对政务院的批评开始升级。在这一背景下，1953年3月10日，中共中央做出了"加强中央人民政府系统各部门向党中央的请示报告制度和党中央对政府工作的直接领导"决定（草案）。该决定撤销中央人民政府党组干事会，政务院各委党组直接

① 薄一波：《若干重大决策与事件的回顾》（上卷），中共中央党校出版社1991年版，第213～215页。
② 同上书，第235页。

受中央领导，并分管其所属的各部、会、院、署、行的党组。与该决议相呼应，1953 年 4 月 11 日，中共中央西南局决议撤销行政委员会党组干事会，直接领导各部委党组，毛泽东对这一决议作出批示。至此，党的直接领导由中央推行到地方。[①] 从控制程度来说，党的领导力度增强了。

再来看第二条主线。根据“五四宪法”第七十八条规定：“人民法院独立进行审判，只服从法律。”在国家基本权力架构上，行政权与司法权相分离，政府与司法机构对国家权力机关人民代表大会负责。这意味着，行使行政权的国家机构即政府无权指导司法工作。于是，从中央到地方，设在政府内的政法委员会皆被撤销。这一撤销带来的直接后果便是公检法等政法机构失去了党的领导。综合这两方面的因素，一来宏观层面党加强了对国家的领导，二来制度层面新的权力架构使得司法系统脱离党的领导。这时，一个亟待解决的问题是，通过何种方式可以在党与司法之间建立领导与被领导的关系。在这一背景下，党对政法委进行了一次重构。

1955 年 10 月《中共中央批准中央组织部 1955 年 8 月 1 日给中央的工作报告》建议：“中央及省委和大城市的市委在可能时，应设立政法工作部。”[②] 次年，内蒙古自治区委成立政法部，中共天津市委于 1957 年成立政法工作部。1958 年 6 月 10 日，中共中央发布《关于成立财经、政法、外事、科学、文教各小组的通知》，中央政法小组成立，在此之后，各省陆续建立省委政法部或政法领导小组，实现中共对政法的统一领导。这时，政法委的名称有所改变，其性质也由政府的工作部门转为党的工作部门，其职责：（一）管理干部；（二）检查党的决议、政策执行的情况；（三）管理党的基层组织的工作；（四）指导有关部门政治机关的工作。

2. 党委审批案件与请示报告制

上文论述了党领导司法的实际组织，现在阐明其领导司法的具体技术。在中华人民共和国成立初的三十年，党委审判案件与向党委请示报告是最主要的方式。

首先看党委审批案件制度。中华人民共和国成立初期，政权尚须稳固，在各项法律制度并不完善的条件下，为防止土地改革、镇压反革命运动中出现偏

① 详见姜义华：《论五十年代党对国家领导方式的演变》，《开放时代》1998 年第 2 期。
② 中共中央组织部：《中国共产党组织史资料》第九卷《文献选编》（下），中共党史出版社 2000 年版，第 341 页。

差，1951年党中央要求“有关逮捕、审判，尤其是死刑判决，均需经过相当一级党委审批；特别重要案件的判决，则需报经党中央批准”。由此确定了党委审批案件的制度。五四宪法颁布后，这一制度延续下来并被加以强调。1957年12月14日，中共中央在批转最高法院和司法部党组《关于司法工作座谈会和最高人民法院的反右斗争情况的报告》中，批示“全部审判活动都必须坚决服从党委的领导和监督；党委有权过问一切案件”。前已述及，五四宪法颁布前后，党对国家的领导有一个方式上的转变，并且在五四宪法颁布之后，领导力逐渐加强。在这一政治氛围中，党委审批案件制度也不断得到强化。1958年6月最高人民法院党组向中央报送《关于第四届全国司法工作会议的情况报告》提出：“人民法院必须绝对服从党的领导，成为党的一个驯服工具”；“不仅要坚决服从党中央的领导，而且要坚决服从地方党委的领导”；“不仅要坚决服从党的方针政策的领导，而且要坚决服从党对审判具体案件以及其他一切方面的批示和监督”。[①] 党委审批案件制度事实上使得党对司法的领导从政治领导转向对具体司法的领导，党委原则上有权过问一切案件，这不仅为党对司法的干预打开缺口，同样为审判人员对审判工作的不负责任留下投机的空间。

接下来看向党委请示报告制度，这同样是党对法院工作进行领导的重要方式。请示报告是从中国共产党成立起就与之相随的一般性的纪律规定，其上升为系统化、规范化的制度规定则要到解放战争时期。针对部分地区出现的无组织无纪律现象，毛泽东于1948年1月7日起草了《关于建立报告制度》的指示，要求各中央局和分局、各野战军首长和军区首长定期就有关情况向中央和中央主席做一次综合报告。同年3月25日，中共中央发布《关于建立报告制度的补充指示》，对报告的内容进一步加以明确，并从可操作性层面对地方如何落实该制度进行说明。[②] 在接下来的宣传、学习与实践中，请示报告制度日益完善。同年9月，中共中央在西柏坡召开政治局扩大会议，在会上将请示报告制度列为一项重要议题，并于会后发布了《关于各中央局、分局、分区、军区、军委分会及前委会向中央请示报告制度的决议》，围绕该制度的各个方面进行了详细的阐释。至此，请示报告制度在党内正式成立。尽管这是一项针对党内

---

① 转引自《董必武传》撰写组编《董必武传》（下），中央文献出版社2006年版，第975页。

② 中共中央文献研究室、中央档案馆编：《建党以来重要文献选编（一九二一——一九四九）》（第二十五册），中央文献出版社2011年版，第240～241页。

组织纪律与工作方法的制度，但在国家建制还不完善、党在各项事务具有至上权威的背景下，法院工作人员就相关事宜向党委请示汇报也是十分常见的，尤其是当具体的审判工作遇到困难时，握有重要权力与资源的党便成了法院工作人员寻求帮助的对象。河北省永清县法院的刘泽钧审判员在其对审判工作的总结中就将向党委的请示报告视作重要的经验："凡需逮捕判刑、政策性较强以及涉及到村、社干部的案件，都要做到在事前和在处理过程中向党委请示，事后向党委报告。"① 中华人民共和国成立初的三十年，对请示报告制度的重视程度随着党政关系的变化而不同。1953 年 3 月，中共中央通过《关于加强中央人民政府系统各部门向中央请示报告制度及加强中央对于政府工作领导的决定（草案）》，要求"政务院各委和不属于各委的其他政府部门一切主要的和重要的工作均应分别向中央直接请示报告"②。次年，《人民日报》发表社论，指出"认真贯彻党的请示报告制度是保障统一领导的必要条件"。通过事前请示、事后报告的方式，减少或避免在政策、法律执行时可能产生的错误，同时保障了党的领导。

与党委审批案件制相比，两者在改革开放后有着不同的命运，这也与两种制度自身性质的不同有关，下文予以论述。

（二）为中心工作服务

在第一节中，笔者指出，中国新政权的合法性基础是由世界观、社会伦理和个体价值观相互配合共同构成的观念体系。从整体的性质上看，它具有浓厚的道义性；从实质内涵看，它总是以宏大且美好的目标作为内容；从政权的运作特点来看，它呈现出明显的"目标主义逻辑"③。宏远目标的实现并非一蹴而就，而是依赖一个个近距离的短期目标的实现来达成。基于此，共产党的工作方式有一个特点，即将不同时间段内社会的主要矛盾或者矛盾的主要方面作为党的中心工作任务，并集中和动员全党、全社会的力量来完成它，其他的一切工作都必须为其服务。"领导人员依照每一具体地区的历史条件和环境条件，统筹全局，正确地决定每一时期的工作重心和工作秩序，并把这种决定坚持地贯

---

① 刘泽钧：《我作审判工作的体会》，《政法研究》1959 年第 1 期。

② 中共中央文献研究室编：《建国以来重要文献选编》（第四册），中央文献出版社 1993 年版，第 69 ～ 70 页。

③ 周尚君：《党管政法：党与政法关系的演进》，《法学研究》2017 年第 1 期。

彻下去，务必得到一定的结果，这是一种领导艺术。”[①]

司法执行的是国家意志，国家意志内在反映了中心工作的要求，则司法也要为中心工作服务。“司法工作要为党和国家的中心工作服务长期以来就是人民司法的支配性话语之一。”[②]这一点反映在政法领导人的讲话中。例如，最高人民法院院长沈钧儒于1951年中国政治协商会议的报告里说：“我们人民司法工作必须积极地为政治服务，必须与当前的政治中心任务与群众运动相结合，在各种中心任务与运动中，各地领导机关应把司法工作组织进去，注意运用这一武器，使中心工作做得更好。司法机关本身尤应主动配合中心任务与运动，充分发挥人民司法的作用。”[③]事实上，党的领导，群众路线与为中心工作服务是一体的，若司法不为中心工作服务，则就是脱离群众，继而也意味着脱离党的领导。那么，中华人民共和国成立之初国家与社会还沉浸在革命氛围的背景下，司法要为之服务的中心工作是什么，其又是如何为中心工作服务的？

面对上述问题，高其才等利用1949年至1956年间华县人民法院的文书档案、诉讼档案等材料，归纳出这一时间段内基层法院“为中心工作服务”的三种方式[④]：第一种是直接参加中心工作，包括涉法型中心工作如贯彻《婚姻法》和非涉法型中心工作如帮助群众秋收；第二种是通过审判配合中心工作，包括政治运动中的审判如通过审判保障经济建设、“清案”运动和灾害时期的审判，这一方式的特点就是服务中心工作要通过审判这一途径来实现；第三种是围绕中心工作的审判外活动，例如法纪宣教、指导调解委员会的工作，它依附于审判工作，由审判工作延伸出来的活动。这一研究针对文本中的素材，从中微观的层面对法院为中心工作服务的方式与内容加以说明，详实而具体。然而，在作者的归纳中，无论是分类的标准还是具体的阐述，有模糊不清与主次不分之嫌，例如围绕中心工作的审判外活动与直接参加的涉法型中心工作部分重合，通过审判配合中心工作的三大内容显得松散。当然，在国家不同职权及职责尚未明晰、各方面工作都处于摸索的过程中时，要做出完整且严密的分类是不现

① 中共中央文献研究室编：《毛泽东选集》（第三卷），人民出版社1991年版，第901页。

② 何永军：《断裂与延续：人民法院建设（1978—2005）》，中国社会科学出版社2008年版，第104页。

③ 沈钧儒：《加强人民司法建设 巩固人民民主专政》，转引自最高人民法院办公厅编《最高人民法院历任院长文选》，人民法院出版社2010年版，第21页。

④ 高其才、左炬：《“为中心工作服务”：基层司法机关“专政工具”角色的确立与强化——1949至1956年华县人民法院实证研究》（上），《清华法学》2009年第2期。

实的。鉴于本文整体上着眼于中宏观层面，笔者对中华人民共和国成立初三十年中心工作的定位从社会不同领域入手：即经济领域要建立现代化工业体系，政治领域要巩固政权、镇压反革命势力，文化上破除旧道德、建立新道德。其中，文化领域的目标如何通过司法来实现，这与政治教化的司法实现路径是一致的，在此不再重复，下面重点论述司法如何服务于经济与政治这两大领域的任务。

1. 为社会主义工业化服务

新民主主义革命胜利后，面对严峻的国际政治环境以及落后的经济社会力量，中国面临着推进“赶超型现代化”的艰巨任务，其首要内容就是要建立现代化的工业体系，实现经济上的“富”，继而实现国家的“强”。

工业化依赖大量的人力和物力，对于彼时的中国来说，需要整合农业积累转化为工业投资。为了保证工业化的稳定和持续发展，也要保障作为资源输出方农业所能提供的资源的质和量，商品粮就是重要的物资之一。中华人民共和国成立初期，共产党通过土地改革消灭地主阶级，改变了地主与农民并存的经济结构，农民实现耕者有其田。这一改革一方面促进了农民的劳动积极性从而提高了农业生产[①]，另一方面国家通过农业税收增强其财政能力，两者都为工业生产提供了良好的条件。然而，随着土地改革的完成，农民越来越多地将粮食留在家中消费，相应地供给城市的粮食就愈发减少，1953 年秋季国家出现粮食供给短缺。当时粮食的流通渠道有两类：一是国家征收公粮，二是自由交易。在粮食短缺的情形下，自耕农经济很有可能向富农经济演化，即农民在储存了一定的粮食后，转向囤粮、雇工及兼营商业活动。事实上，私营囤粮现象并不少见，“现在已有大批粮贩子活动于小集镇与乡村之间。只要粮食市场乱，一个晚上就可以出来上百万粮贩子。现在不少地方已经开始混乱，粮多的地方则开始抬价”[②]。这一趋势不仅与当初土地改革的初衷相悖，也不符合建国的意识形态。这时，中央决定将当时临时采用的粮食征购方法固定下来。1953 年 10 月 2 日，在中共中央政治局扩大会议上，陈云指出：“解决粮食问题最好的方法是

① 这一时期农业总产值的增长情况，详见董志凯《土地改革与我国的社会生产力——回答对我国土改的一种看法》，《中国经济史研究》1987 年第 3 期。

② 薄一波：《若干重大决策与事件的回顾》（上卷），中共中央党校出版社 1991 年版，第 262 页。

在农村实行征购，在城市实行配售，严格管制私商。”[①]10 月 16 日，中共中央做出《关于实行粮食的计划收购和计划供应的命令》，确立了粮食统购统销的政策，政务院于同年 11 月 19 日颁布《关于实行粮食的计划收购和计划供应的命令》。

就经济领域而言，粮食统购统销政策对新民主主义的经济生产带来强烈的冲击。“统购”并不是根据农民的自愿选择出售粮食，而是借助组织向基层的渗透通过强制力让农民低价出售余粮。也只有通过强制力，才能解决农民面对这一政策时因消极回应产生的一系列问题。随着城市工业化的增长，它对农业施加的粮食供给要求也随之增加，这意味着基层组织贯彻统购统销政策的力度要加大。基层干部对农村的管理已经改变了自耕农经济的松散组织模式，这一管理体制的变化使得农业合作化势在必行。

这样一个经济集体化的过程同样适用于城市经济。针对中华人民共和国成立初双轨制经济带来的官僚腐败，中共采取内外双重的方式进行反腐：一方面，在党政军机关开展“反贪污、反浪费、反官僚主义”的“三反”运动，对官僚体系内部进行清理；另一方面，对私营工商业者开展“反行贿、反偷税漏税、反盗骗国家财产、反偷工减料、反盗窃经济情报”的“五反”运动。根据有无违法行为及违法程度，将私营工商业者分为守法户、基本守法户、半守法半违法户、严重违法户和完全违法户五种类型，大多数私营企业都受到了冲击。在实际的操作中，“违法”的认定具有强烈的阶级斗争的意味，“以算剥削账的办法去算暴利”[②]，不仅资本家的任何一点不轨和劣迹都可以成为被斗争的理由，甚至他们的正常经营也一样可以被清算，“而且在运动中，人们特别热衷的事情，其实是追赃和退补，即让贪污的官员和资本家受损失，甚至让他们倾家荡产”[③]。退赔款使得国家在企业中获得股份，私营企业的性质转为“公私合营”。随着私营企业原料与产品的供销纳入国家管控的领域，城市中的双轨制经济迈向了国营的计划经济。

面对经济领域的社会主义改造，司法是如何服务于这一中心工作的呢？就

---

① 陈云:《陈云文选》(第二卷)，人民出版社 1995 年版，第 208 页。

② 参见中共中央文献研究室编《建国以来毛泽东文稿》(第三册)，中央文献出版社 1989 年版，第 278 页；薄一波:《若干重大决策与事件的回顾》(上卷)，中共中央党校出版社 1991 年版，第 171 页。

③ 张鸣:《执政的道德困境与突围之道——“三反五反”运动解析》，《二十一世纪》2005 年第 12 期。

统购统销的政策而言，司法部、最高人民法院指示各级法院：“必须在各级党政统一领导和布置下，把从司法方面来保障国家对这一粮食政策的顺利进行作为头等重要的紧迫任务，并在完成这一中心工作中继续注意建立与健全自己的组织和制度。目前，各地人民法院已开始把主要力量转移到粮食斗争任务上来，制定了保障国家粮食政策的贯彻执行的工作计划，初步掌握了一些破坏粮食政策的活动情况，运用审判武器进入了战斗。”① 将其视为“头等重要的紧迫任务”意味着在实践中：首先，司法机关要积极配合相关部门，“在目前情况下，我们尚不宜过分强调部门间的精细分工，应该提倡各个部门相互间和各个部门内部都围绕着中心工作而通力合作”②。比如，部分司法人员调离法院去做一般粮食统购的工作；其次，与统购统销粮食有关的案件要优先处理、重点处理、及时处理；最后，在审理粮食案件时，以国家政策为依据。中华人民共和国成立初期，私营经济尚允许存在，因此，在统购统销政策出台前，粮食的自由买卖是合法的。这意味着，在当时，政策或者说“政治范畴成为法律范畴的标准”③，司法人员依据政策来决定罪与非罪的界限。由于国家政权的介入，法律的刑法化在接下来的十几年中日趋走向极端，最终达致“无法的治理”，“司法”随之不复存在。这同样适用于对资本主义工商业的改造。华县法院于 1954 年制定的《华县人民法院关于一九五四年下半年工作安排计划草案》中，通过巡回法庭这一司法技术，显示其对农业互助合作的重视，“决定第一巡回法庭重点深入到三区国峰农叶（业）生产合作社，第二庭重点深入到四区孟庄农叶（业）生产合作社，深入进去熟习叶（业）务，摸索经验，发现问题，处理问题，为全面保卫农叶（业）生产合作互助打下基础”④。可见，面对中共对中心工作的部署，法院是以积极的姿态参与到其中的。

司法为社会主义工业化服务，这一政治任务对司法审判的影响在于，司法审判依据被政治化。正如强世功所言，“‘刑事’就成了‘敌我矛盾’的代名词，‘民事’就成了‘人民内部矛盾’的代名词。……随着‘大跃进’、‘人民公社’

---

① 最高人民法院东北分院：《运动审判武器，保障粮食政策的贯彻与执行》，1952 年 12 月 21 日，东北司法通讯第 9 号，转引自北京政法学院刑法刑诉法教研室编《中华人民共和国刑法参考资料》（第二辑），北京政法学院 1956 年版，第 711 页。

② 彭真：《关于政法工作的情况和目前任务》，载彭真《论新中国的政法工作》，中央文献出版社 1992 年版，第 26 页。

③ 强世功：《法制与治理——国家转型中的法律》，中国政法大学出版社 2003 年版，第 158 页。

④《华县人民法院关于一九五四年下半年工作安排计划草案》，转引自高其才、左炬《“为中心工作服务”：基层司法机关“专政工具”角色的确立与强化——1949 至 1956 年华县人民法院实证研究》，《清华法学》2009 年第 2 期。

和‘文革’的发展，在阶级斗争‘年年讲、月月讲、日日讲’的日子里，民事自然越来越萎缩。1958 年全国法院受理的民事案件比 1957 年下降了 48%，其中财产权益纠纷下降了 57%”[①]。在法律体系还很不健全的条件下，司法人员用政策、指示、命令取代法律，模糊了合法与违法、罪与非罪的界限。民事法律在调整社会关系中的作用逐渐被虚置，代之以刑法作为调控经济秩序的主要手段。以 1956 年至 1964 年间重庆市江北县惩治破坏犯罪的判例为研究对象，相关研究对涉及农业生产的案件归纳出如下特点：罪名繁多且随意性大，犯罪主体地主、富农占比较大，主观方面有破坏社会生产的反革命故意，客体表现为破坏社会主义建设的正常活动，客观方面即破坏社会主义建设正常活动的行为。[②]这些标准不仅有强烈的政治色彩，主观性也非常强，在动员群众进行公审的情形下，司法审判事实上异化成了基于政策的道德审判。

2. 为巩固政权服务

从广义层面来看，保障社会主义工业化的经济秩序是巩固政权的措施之一。从狭义层面来看，政权有其相对独立性。对于一个通过革命方式取得政权的政党而言，政权稳固，是开展其他一切工作的前提。这一要求反映在 1949 年颁布的《共同纲领》中，《共同纲领》第 7 条规定：“中华人民共和国必须镇压一切反革命活动，严厉惩罚一切勾结帝国主义、背叛祖国、反对人民民主事业的国民党反革命战争罪犯和其他怙恶不悛的反革命首要分子。对于一般的反动分子、封建地主、官僚资本家，在解除其武装、消灭其特殊势力后，仍须依法在必要时期内剥夺他们的政治权利，但同时给以生活出路，并强迫他们在劳动中改造自己，成为新人。假如他们继续进行反革命活动，必须予以严厉的制裁。”[③]

据史料记载，中华人民共和国成立伊始，各地遭到敌特土匪破坏，武装暴乱不断。[④]面对这一情势，在刘少奇的主持下，中共中央于 1950 年 3 月先后发出《关于剿灭土匪建立革命新秩序的指示》和《关于严厉镇压反革命分子活动的指示》，要求依据《共同纲领》第 7 条确立的“镇压与宽大相结合”的刑事政策来开展反镇压活动。七届三中全会将镇反活动列为八项工作之一，为贯彻会

---

① 强世功：《法制与治理——国家转型中的法律》，中国政法大学出版社 2003 年版，第 158 页。
② 黄晨：《1956—1964 重庆市江北县惩治破坏生产犯罪判例分析》，西南政法大学 2017 年硕士学位毕业论文。
③ 中共中央文献研究室编：《建国以来重要文献选编》（第一册），中央文献出版社 1992 年版，第 3 页。
④ 详见杨奎松《新中国镇反运动始末》（上），《淮淮文史》2011 年第 1 期。

议精神，中央人民政府政务院和最高人民法院于同年7月23日联合发布《关于镇压反革命活动的指示》，对反革命的对象及量刑作出指示。随着朝鲜战争的爆发以及国内形势的愈发严峻，1959年10月10日，毛泽东亲自主持并通过了新的《关于镇压反革命活动的指示》，又称“双十”指示。该指示明确要求以政务院颁布的惩治反革命条例为依据，并规定了反革命的具体步骤。当时，惩治条例并未颁布，直到1951年2月20日才正式出台。

面对镇压反革命这一中心工作，司法机构是如何回应的呢？可以从如下两个方面阐述这一问题：

第一个方面是司法系统以文件形式对中心工作的部署。为了贯彻“双十”指示的精神，公安部与最高院细化了反革命犯罪案件在诉讼程序与刑罚适用上的规定，加强了司法审判的可操作性。1950年10月13日，中央政务院与最高院联合发出《关于人民司法机关迅速清理积案的指示》，要求对反革命案件进行快速处理。在镇反运动达到高潮阶段，两机关联合发布《关于清理反革命罪犯积案的指示》，将反革命案件纳入“清案”运动的重点。1950年11月3日，政务院做出《关于加强人民司法工作的指示》，对“镇压”与“宽大”的关系做出明确指示。这些文件的颁布往往源于中央对于镇反运动态度与决策重心的改变，文件传递中央意图，并对具体工作进一步加以明确。

第二个方面是法院等司法机构审判反革命案件的实践，具体来说也就是反革命罪的审判活动。有学者认为，镇压反革命的司法实践是一个“身体污名化的过程，这一过程大致包括告密揪出反革命分子、公开审判和刑事处罚三个步骤”①。《惩治反革命条例》赋予群众检举权，在社会上形成一张无形的监督反革命分子之网。通过群众的检举和控诉，再依据相关政策的精神和条例的规定，对反革命分子施以具体惩罚。

综观上述，无论是经济领域中为社会主义工业化服务，还是政治领域中为巩固新生政权服务，司法作为实现政治目标的手段，是强烈地依附于政治的。政治目标与道德准则相结合，使得法律亦变成一个对与错、善与恶异常分明的工具，法律的刑法化在于刑罚作为一种惩罚性的司法技术，它自身暗含了罪与非罪两种性质的区分，能够与善恶二元区分相对应，体现出鲜明的道义性。

---

① 陈寒非：《污名身体：镇压反革命的司法实践》，《政治法学研究》2014年第2期。

第三节　小结

司法兼具政与法两种属性。新中国人民司法传统政治面相的教化性与“法”对“政”的依附性不过是构成新中国的人民民主的意识形态与列宁式政党组织一体化结构在司法领域运作呈现出来的特点。人民民主的意识形态与列宁式政党组织一体化的政治结构是由以儒家意识形态和社会组织一体化结构在西方现代思潮的冲击与殖民掠夺的革命实践中一步步确定下来的，它一方面接受了现代民主的理念，另一方面承继了传统意识形态的伦理中心主义结构。换句话说，新中国政权的合法性依据是一套能够体现民主理念且同时具有实质伦理意涵的观念系统。进言之，意识形态的伦理意涵由中国现代化转型中民族共同体的生存诉求生发而来：列国竞争之下，在国际政治秩序中维持民族共同体完整与独立的属性是对平等价值的渴求。这一渴求是感性先于理性的，或者说是自发产生的，它从中国人民在民族存亡时刻的怨恨情感中涌现而来。这种强烈的诉求只有一幅超越西方资本主义社会的理想图景才能满足之，也即只有更高道义性的观念形态才能转化为国族建立的意识形态，继而整合失范的社会秩序，为民族救亡而抗争。本章由这一政权秩序的演化入手，论证了人民民主缔造的历史沿革与具体内涵，为深入理解人民司法传统的机理做铺垫，在此基础上在政法关系的视角下呈现人民司法传统的运行内容与特点。

第二章
理性化范式与人民司法传统的嬗变

前已述及，人民民主一方面承继了儒家政治文化传统泛道德主义的深层特性，另一方面又体现了中国革命现代性的平等价值。这一至高的道义性使得国家意志在实现的过程中容易将个体行为置于善恶二元的道德判断之下，人民司法传统的实践便是一例。在革命的主旋律以及通过国家运动来实现社会改造的背景下，法律规定频繁地被党的指示和命令代替。此时，法律处在可有可无的边缘地带，其在司法裁判中发挥作用的力度与人民群众对案件的善恶态度所包含的情感强烈程度或者说一种民众集体的激情程度呈此消彼长之势。最极端的情形莫过于“文革”期间用群众性的批斗等方式取代司法审判，在“砸烂公检法”的口号下司法系统走向覆灭。

综观以阶级斗争为主题的20世纪六七十年代，一方面经济发展停滞，社会秩序紊乱；另一方面，就司法领域而言，冤假错案不断上演。基于对这段时期历史实践的反思，1978年12月18日至22日，中国共产党第十一届中央委员会第三次全体会议提出把全党的工作重点转移到社会主义现代化建设上来，即由“革命与建设”的主题转为“建设”。自此，新中国进入“告别革命”的阶段。在这一背景下，人民司法传统一方面随着法院的重建得以恢复，另一方面又随着社会的变迁不断加以调适。在这一过程中，人民司法传统发生了哪些变化？这些变化与社会变迁之间有着怎样的关系呢？其中，后者关乎如何理解人民司法传统的嬗变这一问题。

在笔者看来，改革开放的四十年，中国社会主义现代化建设的核心便是经济领域的市场化，市场经济对社会生活的渗透使得市场法则逐渐成为规划整个社会生活的标准，由此，经济领域的改革可以视为整个社会生活诸领域发生变化的最重要的原动力。从现代性的视角来看，对经济社会发展的追求是现代社会才有的母题，“发展”意味着“不断设立某种未来的、理想的状态，然后以之为蓝图去突破甚至颠覆当前的状态”①，它与理性主义观念相伴而生，市场经济的发展及其对社会的形塑亦可以看作一个理性化的过程。基于此，要回答人民司法传统的嬗变以及对这一“嬗变”的理解，就要对“经济—社会”的理性化及其与司法之间的关系加以阐释。下文延续第一章的论证思路，首先阐明人民司法传统嬗变的动力来源，然后描述人民司法传统的嬗变。具体来说，人民司

① 冯仕政：《当代中国的社会治理与政治秩序》，中国人民大学出版社2013年版，第3页。

法传统嬗变的动力来源是“经济—社会”的理性化，这一部分的论证包括从制度层面描述市场经济的建构以及从认识论层面分析“经济—社会”运作的“理性”特点，在此基础上阐明“经济—社会”的理性化与司法系统的关系。

第一节　“经济—社会”的理性化

韦伯在对西方资本主义社会的发生学考察中，将这一世俗理性化过程中经济、政治、宗教以及个人伦理的理性化之间的关系称作“有选择的亲和性”，其并未如马克思一样，赋予经济基础更为根本的决定性地位。就中国改革开放的历程来看，这一理性化过程可以概括为“中国社会在国家权力结构的延续形式之下推动了激进的市场化过程，并在这一国家的政策主导之下，成为全球经济体系的积极参与者”[①]。经济因素显然占据至关重要的地位。从社会层面来说，市场经济的发展不仅改变了社会阶层的构成，还改变了人们的日常生活方式，并继而影响着社会系统运作的基础；从政治层面来说，国家提供的公共产品要能够满足现代“经济—社会”的需求。换句话说，因经济在现代社会中的重要性，以经济市场化为切入，可以一窥现代社会的主要特点，然后将司法置于国家与社会互动关系的视角，方可理解人民司法嬗变的动力源与变革方向。下文便按照这一思路进行论证。

一、“经济—社会”的重建

始于1978年的经济体制改革源于对中华人民共和国成立初期社会主义经济建设的反思，这一延续至今的改革在起初并没有一个完整的思路，而是针对

① 汪晖：《去政治化的政治：短20世纪的终结与90年代》，生活·读书·新知三联书店2008年版，第98页。

经济运行中出现的具体问题一步步“摸着石头过河”。将之归诸一个理性化的过程，是作为后来者回顾总结几十年来的改革历程得出的结论。如何理解这里所说的“理性”或“理性化”，这是一个认识论层面的问题。在阐释这一问题前，首先要弄清楚经济领域的改革措施有哪些。基于此，下文首先简要归纳中华人民共和国成立初期经济建设的概况，然后再对改革开放以来经济体制的变革进行梳理。由于这一变革过程繁复曲折，笔者并不打算面面俱到，而是根据经济学既有的研究，重点选择有代表性的改革措施加以说明。

按照林毅夫等学者的概括，中华人民共和国成立初三十年的经济建设是一种三位一体的传统经济体制：从宏观的战略目标来看，推行的是重工业优先发展的赶超战略；从中观层面来看，确立了对资源进行高度集中的计划配置体制；从微观经营机制来看，农业与工业分别以人民公社化和国有化为特征。[①] 对于后发现代化国家来说，在政权建立初期，经济实力落后，面对国际政经环境的制约与国际竞争的要求，短时间内实现经济的迅猛发展是关系政权存亡的大事。以资金密集型为特点的重工业象征着一国工业结构的完备程度与工业化水平，“一五”计划确立了重工业优先发展的战略目标，并未引起多少争议。要实现这一目标，就需要使资源配置有利于重工业的发展。结合当时中国经济以农业为主的现实与重工业资金密集的特点，只有采取人为的扭曲生产要素和产品的相对价格的政策，具体来说是压低价格。压低价格的宏观政策使得各类物资在经济生活中短缺，为保障紧缺的资源能够配置到重工业的生产中，就需要建立一套资源计划配置制度，以行政手段对资源进行管理，确保其流向。这些资源包括资金、物资、进口商品等，与之相应的配置制度则分别是金融管理体制、物资管理体制和外贸外汇管理体制。至于微观经营机制，一方面，社会主义经济的意识形态要求将私营经济形态排除出去；另一方面，资源的计划配置要求企业的自主经营权归国家垄断，否则，以营利为动机的企业会将投资方向转向资源稀缺程度高的领域。鉴于此，企业的形式必然走向国有化，而农业经营走向集体性质的人民公社化。

这一三位一体的计划经济体制改变了中华人民共和国成立初以农业为主的经济结构，并在 1952 年至 1978 年间实现了较高的经济增长速度。然而，经济

① 林毅夫、蔡昉等：《中国的奇迹：发展战略与经济改革》（增订版），格致出版社 2014 年版，第 28 ～ 66 页。

增长速率的提高并不意味着经济得到实质上的发展。强行越过经济发展阶段进入重工业的发展，扭曲了产业结构，抑制了劳动力相对丰富下劳动密集型轻工业的发展，导致消费品供给严重不足，影响人们的生活水平。不仅如此，资源计划配置排斥了市场的作用，“这种计划调节不是用价格机制来矫正经济结构对政策目标的偏离，而是用扭曲的价格，以及各种直接、间接补贴（预算软约束）和数量调节手段来安排和调整国民经济比例”[①]，因此，其配置效率是低下的。再加上企业缺乏竞争，员工激励不足，企业的生产效率也极为低下。在将这一体制推向极端的“大跃进”实践后，至 1958 年末，其弊端开始显现，生产下降、大批企业出现亏损、生活必需品供应不足，经济陷入严重困难。可以说，为了建立一个较为完备的工业体系，中国经济发展付出了极其高昂的代价，赶超目标最终并未实现，中国经济依然处于低收入发展中国家的水平。

面对经济体制的低效，从 1958 年中共八大提出“经济管理体制改革”到 1978 年为止，改革的思路一直围绕着中央和地方经营管理权及配套权限的划分，改革措施导致的后果是：一旦权力下放，就会产生为实现高计划指标而进行资源争夺的混乱，继而中央为解决经济秩序的失序又会将权力集中，在“一放就乱、一管就死”的循环下，形成“放—乱—收—死”的怪圈。为跳出这一怪圈，拯救濒临崩溃边缘的经济，1978 年末开始新一轮的经济体制改革。根据既有的改革举措及其性质和重要性，笔者将之归纳为下：

（一）微观：扩大经济主体经营自主权

1978 年末以来的改革突破传统三位一体的经济体制，在微观领域将经济组织的经营自主权下放给农民和企业，调动了人们的生产积极性，从而提高经济效益。具体来说，按照地域和经济形态的不同，这一微观经营体制的变革又可以进一步分为如下三类：

1. 改革农村集体所有制经济

50 年代的合作化运动使得农村生产形式经历了由农业生产互助组、初级农业合作社、高级农业合作社向人民公社的组织形态的转变。其中，人民公社体制于 1958 年成立后成为主要的经营方式。然而，一方面，由于赶超型重工业发

① 林毅夫、蔡昉等：《中国的奇迹：发展战略与经济改革》（增订版），格致出版社 2014 年版，第 81 页。

展的战略目标，这一组织被赋予服务国家工业化的职能而具有强制性质，社员没有退出权；另一方面，社员劳动所得以工分这一无法准确反映劳动数量和质量的标准进行分配。这两方面相结合，导致农民没有劳动积极性，“搭便车”现象随处可见。这种低效的劳作使得农产品总供给不足成为亟待解决的问题。农民对人民公社制的“忍耐已经极限”，在70年代末，在政治思想上弱化阶级斗争、强化经济建设主题的背景下，“一场农民渴望已久的体制大改革，就必然会势不可挡地到来”[①]。“事实上，仅在土地经营制度上，这种局部的、微观的‘包产到户’的变革探索和试验在改革开放前就曾经历了‘三起三落’（1956—1957、1959、1961—1962）。每次都是‘起’自农民自发创造，‘落’于‘消灭私有制、防止资本主义复辟’的‘理想追求’而被批判下去、强压下去的。”[②]因此，政策在意识形态层面有所松动后，这一自发的实践又兴起。自70年代末，家庭联产承包责任制的实践形态由非法到被部分承认再到合法，经历了包工、包产到包干的形式以及一系列的制度变迁。

那么，与人民公社制相较，家庭联产承包责任制的制度优势在哪里呢？从其对农民的赋权内容来看，以2003年为界可以分为两个阶段：首先看第一个阶段（1978—2003）。1979年9月中共中央通过的《关于加快农业发展若干问题的决定》明确规定“包产到户”不合法，但在特殊情形下可以作为例外存在。次年，根据中共中央《关于进一步加快和完善农业生产责任制的几个问题》，政策进一步放宽到允许“包产到户”在“落后地区”施行。由于实践效果良好且显著，至1982年政策取消对其的限制，并在全国范围内加以推广。所谓“包产到户”就是把规定了产出要求的集体土地发包给农民个体家庭经营，包产部分上交生产队，剩余部分归承包户。在这种实践下，农民实则拥有土地的使用权和收益权。“农民通过拥有土地的使用权，建立个体家庭农庄，从而成为农业企业家，这意味着他将拥有经营收益和企业家报酬。农民所得不只是劳动的工资报酬（人民公社之下，社员只能获得工分即劳动收入，其角色相当于公社的雇工）。更重要的是农庄作为企业拥有剩余控制权和剩余索取权，农民自己支

① 陈锡文、赵阳、罗丹：《中国农村改革30年回顾与展望》，人民出版社2008年版，第47页。

② 赵光元、张文兵、张德元：《中国农村基本经营制度的历史与逻辑——从家庭经营制、合作制、人民公社制到统分结合双层经营制的变迁轨迹与转换关联》，《学术界》2011年第4期。

配，这是很大、很强的激励。”[①] 其次是第二个阶段（2003— ）。2003 年 3 月 1 日，《中华人民共和国农村土地承包法》正式实施，该法第十条明确赋予农民土地经营权的流转权，使农民拥有的土地在产权意义上得到扩充和完善。

2. 创建非公有制经济

社会主义国家的基本经济制度必须以公有制为基础，这一观念源自列宁和斯大林，并且成为新一轮改革前中国经济体制建立的指导思想。1956 年三大改造任务完成后，非公有制经济不复存在，形成公有制经济一统天下的局面。在这一背景下，非公有制经济的复现与发展经历了“艰难起步→夹缝中求生存→实践中高速发展等三个阶段”，与之相对应的对其在整个经济体制中的地位和作用的理论上的认识则经历了“‘利用论’→‘补充论’→‘重要组成论’等三个阶段”。[②]

为解决农村剩余劳动力安置和“上山下乡”知识青年回城的就业问题，1979 年 2 月，国务院批转国家工商行政管理总局报告，指示各级工商行政管理局“可根据市场需要，在取得有关业务主管部门同意后，批准一些有正式户口的闲散劳动力从事修理、服务和手工业的个体劳动，但不准雇工”。1980 年 8 月《中共中央关于转发全国劳动就业会议文件的通知》确认了“劳动部门介绍就业、自愿组织起来就业和自谋职业相结合的方针”，要求“鼓励和扶植城镇个体经济的发展”。1981 年 6 月中共十一届六中全会通过的《中共中央关于建国以来党的若干历史问题的决议》肯定了“一定范围内的劳动者个体经济史公有制经济的必要补充”，从政策上正式承认了个体经济。

在当时，非公有制经济代表了先进的生产力，其重新产生几乎是历史的必然。从实践形式来看，非公有制经济的发展路径有五六种[③]：家庭联产承包制基础上出现的专业户、半专业户；农村的社队企业承包给农村能人经营并逐渐转为私企；以浙江温州为代表的小城镇在回应市场需求时形成的个体工商业；以苏南为地域代表的乡镇企业的“异军突起”；在对方开放政策环境下吸引外商投资而形成的外资企业等。

随着“雇工”大门的打开以及上述各种形式的非公有制经济在宽松政策下

① 龙登高：《百年中国土地制度变革及其启示》，http://www.aisixiang.com/data/104145.html.

② 白永秀、任保平、吴振磊：《我国非公有制经济发展 30 年：回顾与展望》，《江西社会科学》2008 年第 7 期。

③ 晓亮：《论改革开放和中国民营经济三十年》，《理论前沿》2008 年第 5 期。

的迅猛发展，国家对非公有制经济性质的认识逐渐清晰，其地位变化反映在一系列法律的制定和修改中。1982 年《宪法》第十一条肯定了个体经济，并将其定性为“社会主义公有制经济的补充”。1987 年，中共十三大明确提出鼓励发展个体经济和私营经济的方针。次年 4 月，七届人大一次会议通过《宪法修正案》，对第十一条增加规定：“国家允许私营经济在法律规定的范围内存在和发展。私营经济是社会主义公有制经济的补充。国家保护私营经济的合法的权利和利益，对私营经济实行引导、监督和管理。”该条进一步确立了私营经济的合法地位。1999 年九届人大二次会议通过的《宪法修正案》就第十一条再次进行修改，将非公有制经济定性为“社会主义市场经济的重要组成部分”，国家对其态度也由原来的“引导”变为“鼓励、支持和引导”。非公有制经济的形成与发展也是法律体系中私法逐渐壮大，不仅法律法规的数量呈指数级增加，其具体内容也即法律质量也在不断完善。在此不详述。

3. 改革公有制经济

国有企业担负着提供国家指令性计划产品的职能，新一轮改革前，其与人民公社制面临着同样的困境，即低效和搭便车问题：从分配制度来看，职工收入与工龄而非业绩挂钩；从核算制度来看，企业收支全额上缴与核销。针对这一问题，国企开起了以效率为导向的首轮改革，时间跨度大约是从 1978 年至 1989 年。[①] 首轮改革就具体措施而言，也具有阶段性：第一阶段采取的主要措施与农村集体所有制经济改革思路一致，即政府对企业放权让利，进一步明晰政府与企业及企业内部的权、责、利。放权让利有两种形式[②]：一是扩大企业自主权，二是企业承包经营责任制。扩大企业自主权的主要内容有：在完成国家指令性计划的前提下一定范围内的生产投资决策权、销售权以及利润的留成，实质上是让企业和国家共享作为企业产权基本内容的剩余控制权和剩余收入索取权。企业承包制是指在承包期内由承包人企业向发包人国家上缴一定数额的收益，由承包人企业对企业进行自主经营并对超出上缴数额的收益自行进行支配的制度。这两种放权让利的形式是在保持国家业主地位不变的前提下进行的

① 基于不同标准，对四十年来国企改革的阶段性划分也存在很大的差异。在这里，笔者赞同杨卫东按照国企改革的本质特征和目标方向为标准，分为以效益为导向的改革和以产权为导向的改革。参见杨卫东《试论第三轮国企改革》，《江汉大学学报（社会科学版）》2010 年第 3 期。

② 吴敬琏：《当代中国经济改革教程》，上海远东出版社 2016 年第 2 版，第 150 ～ 154 页。

改制，尽管取得一定效果，却也带来经济秩序的混乱。第二阶段是“利改税”的改革。国有企业的收支由财政部门进行管理，相当于企业的总财务部，并同时征收税、费和利润。税收、租金和利润这三个范畴是国家与国有企业经济关系的表现形式，统收统支使得这三个范畴是相互混淆的。为了明确国家与国企之间的分配关系，就要划清这些范畴之间的界限。利改税则是将国企向国家上缴利润的形式改为缴纳税金，明晰利润与税收的边界。

第二轮改革的主线是国企公司化。从国家政策导向来看，1992 年十四大提出经济体制改革的目标是建立社会主义市场经济体制。1993 年中共十四届三中全会《关于建立社会主义市场经济体制若干问题的决定》中提出，深化国有企业改革必须“着力进行企业制度的创新”。1993 年底通过并于次年 7 月 1 日正式实施的《中华人民共和国公司法》对公司制度加以规范。在这一背景下，1994 年 11 月，国务院以 100 家国企为试点企业进行公司制改革，在形式上将其改组为国有独资公司，实质上并没有达到公司的标准。实质性的改变直到 1999 年中共十五届四中全会通过《中共中央关于国有企业改革和发展若干重大问题的决定》才开始。国企公司化改制的方向大致有三：一是实现政企职责的分离，二是通过分拆改组的方法打破垄断，三是对核心资产进行重组上市。

（二）中观：建立健全金融体系

随着经济市场的逐步形成以及企业自主权的扩大，其对用于扩大再生产的生产要素的需求开始触及既有的资源计划配置体制，迫使国家为提高资源配置效率对各种重要资源进行市场化改革。资本是其中最为重要的资源之一，其配置效率对经济发展有着异常重大的影响。因此，就中观层面的资源配置体制而言，笔者选取以资本为核心的金融体系，对其改革进行阐述。

金融体系是一个经济体中资金流动的基本框架，由交易方式（金融市场）、参与主体（金融中介）和金融管理制度等构成。金融体系的建立与健全或者说资源计划配置下金融体制的改革，其内容大致可以分为如下三类：

首先是改革以银行为主体的金融中介。资源计划配置时期，银行业处于国家垄断的格局中，中国人民银行担负多种职能，中国银行、中国农业银行等有名无实，属于中国人民银行内部的金融管理局。[①]1979 年以来改革的方向是：

---

① 林毅夫、蔡昉等：《中国的奇迹：发展战略与经济改革》（增订版），格致出版社 2014 年版，第 179 页。

一整个银行体系从国家严格的限制和控制中分化出来，从国家财政的出纳机构变为一个相对自足的系统，其标志是1983年9月，国务院颁发《中国人民银行专门行使中央银行的决定》，中国人民银行职能逐渐单一化；二是在银行体系内部，中国人民银行大一统的地位被打破，按照产业分工建立起多元的专业银行体系，如1979年恢复中国农业银行并分设中国银行，1984年分设中国工商银行和中国人民保险公司；三是就央行以外的其他银行内部而言，转向公司化的治理结构，增强其在市场上的竞争力，如自1998年起国有商业银行的市场化改制。随着金融市场的复杂化，银行机构的种类与数量逐渐扩张，形成了一个“以中国人民银行为领导，国有商业银行为主体，股份制商业银行、城市商业银行、农村商业银行与政策性银行以及其他银行业金融机构并存，分工协作、互为补充的多元化和多层次的组织机构体系”①。

其次是发展金融市场。金融市场反映的是资金的供求关系，其基本功能是从拥有富余资金的人手中把闲置的资金引导到资金短缺的人手中，实现对资金这一资源的效用最大化配置。1993年，中共十四届三中全会分别对货币市场、资本市场和外汇市场的发展和完善提出要求：货币市场方面要发展规范的银行同业拆借和票据贴现，中央银行要开展国债买卖，通过国债的公开市场业务吞吐货币；资本市场方面建立发债机构和债券的信用评级制度，促进债券市场健康发展，规范股票的发行和上市，并逐步扩大规模；外汇市场方面建立以市场为基础的有管理的浮动汇率制度和统一规范的外汇市场。可见，市场化导向是金融市场发展的趋势。

最后是建立金融监管制度、完善金融宏观调控体系。我国现有的金融监管体制呈现出的是由中国人民银行、证监会、保监会和银监会共同构成的“一行三会”的监管格局。由于金融监管制度原理的同构性，在此，仅以证监会制度为例，对其建立与完善做一介绍。针对证券市场上多头管理与部门争权的现象，1991年4月，中国人民银行经国务院批准成立了股票市场办公会议制度，对证券市场行使日常的管理权。这与人民银行作为中央银行的监管职能相混淆，带来一定混乱。为此，1992年5月，中国人民银行内部增设证券市场管理办公室，强化了证券业的专业性监管。1992年10月，国务院撤销证券市场管理办

① 宋士云：《中国银行业市场化改革的历史考察：1979—2006年》，《中国经济史研究》2008年第4期。

公室，成立国务院证券委员会和中国政权监督委员会，对证券市场的监管进一步集中。1997 年始，这一集中统一监管的职能通过深沪证券交易所与原由人民银行监管的证券经营机构划归为证监会的监督对象而得以强化。1998 年 4 月，国务院证券委与证监会合并成为国务院直属正部级事业单位，这一直属事业单位的性质由同年 9 月颁布的《中国证券监督管理委员会职能配置、内设机构和人员编制规定》加以明确。至此，集中统一的证券监管体制基本形成。

（三）宏观：调整价格政策

宏观政策环境的改革是指价格改革，这里的“价格”取广义理解，包括狭义意义上的物品和服务价格以及工资、利率、汇率等。与微观的经营机制与中观的资源配置机制的市场化历程相比，价格改革的市场化在时间上晚于前者。整体性地看，改革开放以来我国价格改革的历程可以分为两阶段：“一是改革传统计划价格体制时期（1977 年 4 月—1992 年初）；二是创建和完善新的市场价格体制时期（1992 年初至今）。”[①] 可以说，价格改革沿着增量改革路径前进，是计划与市场这两个因素在调节价格时发挥效力呈此消彼长之势的过程，其间经历了价格双轨制的建立与结束。

1977 年 8 月，国务院成立国家物价总局，建立覆盖全国的物价管理、定价系统。1981 年 6 月，其从原国家计划委员会中独立出来，由国务院直属领导，随后更名为国家物价局。1981 年 7 月，国家成立国务院价格研究中心。1982 年国务院出台《物价管理暂行条例》，在这样的国家建制和法律法规下，改革前传统的计划价格定价体系得以完善。就是在这样的价格计划体制下，价格改革逐步引入市场机制，形成价格调节机制中的另一“轨”。这首先在“计划调节”供不应求即超产、超购的领域和并不在计划之列的领域实行生产者自主定价，构成“计划调节”的补充。随着新产品或者说“计划外”产品的生产越来越多，“市场”在调节价格中扮演的角色越来越重要，并形成价格双轨的局面。

价格双轨制的形成有其必要性，却也带来混乱。在短暂的“价格闯关”实践失败与经济下滑的形势下，自 1992 年邓小平南方谈话及随后十四大在观念上确立经济体制改革的总目标为社会主义市场经济体制后，便沿着旨在建立与市

① 王学庆：《中国“价格改革”轨迹及其下一步》，《改革》2013 年第 12 期。

场相适应的价格形成机制的目标开放诸多价格，国家职能由决定价格逐渐转变为对价格进行宏观调控。至 1996 年，价格双轨制基本结束。

二、"经济—社会"理性特质之阐释

生产方式的变革是社会变迁最重要的动力之一，改革开放以来中国在经济领域的改革推动社会秩序逐渐由传统社会走向现代社会。这是一个"经济—社会"日渐理性化的过程。较之于前现代社会，"理性"是现代经济社会的总体特质，它体现在"经济—社会"运作系统之基本构成要素的关联与特性中。因此，对"理性"的深入理解可以借助于对这些基本构成要素的分析。经济秩序的维系同社会其他各个子系统共享这些基本的要素，基于此，结合前文对经济体制改革具体措施的论述，下文对现代"经济—社会"的理性特质进行阐释。

（一）个体的自主性与趋利性

若分析上文列出的经济体制改革的具体举措，不难发现，改革的市场化思路以如下两点为预设：一方面，赋予经济主体更多的自主性可以形成正向激励，促进生产积极性，例如人民公社制向家庭联产承包制的变化，国企的公司制改革以及个体户、私营企业等非公有制经济的兴起；另一方面，经济主体的决策内容受市场供需关系的影响，在利益的驱动下决定生产什么、如何生产等。[①] 换句话说，市场的形成及其配置的高效源于经济主体自生自发的诉求，"正是每一个参与者对利益的追逐促成了一个自动和谐的社会生产体系"[②]。这里有两个关键因素：经济主体的自主性与趋利性，这亦是现代人的两大特点。

首先，从现代人的行为特点来看，其自主性以及趋利避害的动机正符合建立在个人主义基础之上的理性人行为模式。个体行为包括外在过程与内在动机，韦伯根据影响意向的因素将行为分为四种类型：（1）目的合乎理性的行为，即个体通过对外界因素的综合判断或者说权衡，采取适当的手段来实现自己的目

① 这里仅就社会层面强调经济领域的市场化，并不意味着改革开放以来中国经济的增量改革仅仅是市场化的单一叙事，对其解释可以参见周黎安《"官场 + 市场"与中国增长故事》，《社会》2018 年第 2 期。

② 韩德强：《市场是什么》，《读书》2001 年第 3 期。

的；（2）价值合乎理性的行为，即全然不顾后果、只为满足价值要求的行为；（3）情绪的行为，即个体根据其情绪或一时的冲动而做出的行为，往往带有偶然性；（4）传统的行为，也即习惯。现代社会中个体的行为极具韦伯所言的“目的理性”，这是指人们以手段—目的的方式来行为，这种行为是主动的，事前计划的，人们会综合考虑诸多因素的影响，分析不同行为的实施能够达成目的的可能性，并最终做出最符合自身利益的行为。费孝通曾经就乡土社会中的“欲望”与现代社会中的“需求”做过比较，费老认为，欲望是乡土社会中人们行为的起点，“欲望—紧张—动作—满足—愉快，那是人类行为的过程”。欲望是一种文化事实，虽然由其引导的行为能够迎合生存的条件，因为它是经过自然选择的经验积累的产物，但是并不一定对人类自身是好的，甚至常常是有害的。与其不同，“需求”代表了一种人为的智性努力，人们会根据生存条件的变化而适时改变行动策略，此时的行为是自觉的。费老认为，“从欲望到需要是社会变迁中一个很重要的里程碑”，是人类日益理性化的表现。

其次，来看现代人的趋利性。趋利避害被视为人的本能，然而，在现代性的视角下，这里的“利”却有较为丰富的内涵。具体来说，现代人对利益的追求建立在其身体感觉的基础之上，也即目的理性的行为是表象，其深层基础是货币经济带来的漂浮性的感觉。宗教的祛魅与世界图景的世俗化表明“‘所有意趣、思想、诉求之此岸性的超常高涨’，与之相伴随的是人作为此岸感高涨的主体，禀有一种‘人之力量的高昂感’”[①]。这种此岸感的高涨推动人的主体性的觉醒，换句话说，现代人趋向于返回内心、寻求自我满足：“现代的本质根本上就是心理主义，即依据我们的内在反应并作为一个内在世界来体验和解释世界，把固定的内容融解到心理的流逝因素中。”[②] 这种返回内心的诉求不同于“美德即知识”的形而上学，而是以身体为基本的实在。“身体”对“意识”的替代，使人从道德的压制中解放出来，满足身体欲求的享乐成为人们认定的幸福的内涵，而非永恒的理念。“自尼采以降，上帝死后，原罪感逐渐消泯，‘我在’差不多成了‘身体之在’。而灵魂既然缺席，那么剩下的当然就是欲望主宰身体了。服从自己身体的欲望便成了理所当然的事。”[③] 最为直观的现象就是消

① 刘小枫：《现代性社会理论绪论——现代性与现代中国》，上海三联书店 1998 年版，第 300 页。
② G.Simmel：《哲学文化》，转引自刘小枫《现代性社会理论绪论》，上海三联书店 1998 年版，第 302 页。
③ 萧武：《身体政治的乌托邦》，《读书》2004 年第 3 期。

费社会与中产阶级生活风的形成。按照齐美尔的观点，这种此岸感的社会基础是货币经济支配的城市生活，货币经济的产生不仅带来经济生活的转变，其终极意义是个体生活感觉的变化。详言之，较之于自然经济，货币经济的计算性或工具理性将个体从传统的亲情关系中抽离出来，生活方式充满“理性、对比、平衡”，感觉的需要“遁入自己的对立面，去寻觅非理性及其外部形式即非对称”[①]。生命的终极意义不再以某种实体性的、稳定的形式为依托，而是陷入某种漂浮性的感觉中。身体是感觉的本体论基础，继而成为认识论的焦点。换句话说，身体成为一个自明性的存在，无论是个体存在的意义、政治经济秩序还是文化制度，都要以此自明性为正当性基础。正是在这层意义上，“社会发展”（身体欲求的无止境的满足）与市场经济的基本预设找到了“规范性”的理由。

（二）主体交互关系的抽象性

从静态层面看，市场的基本构成单位是经济主体，个人与企业共享相同的预设；从动态层面看，市场是经济主体之间交互关系的总和，包括生产、分配、交换与消费等关系。这些交互关系具有抽象性的特点，正因为经济关系是广义社会关系的重要构成，经济关系的特征亦适用于描绘现代社会关系。下文首先从经济形态的角度对市场经济的特点进行简要的论述，然后深入市场运作机制内部，对其抽象性进行分析。

人类有史以来经历的社会经济形态有三类：自然经济、商品经济与市场经济。自然经济的特征是自给自足，包括原始社会以家庭为单位为了家庭的消费而进行的生产以及阶级关系出现以后为自己和为地主或贵族的直接消费而生产。[②]“自然经济，也就是说，经济条件的全部或绝大部分，还是在本经济单位中生产的，并直接从本经济单位的总产品中得到补偿和再生产。”[③]“在自然经济下，社会是由许多单一的经济单位（家长制的农民家庭、原始村社、封建领地）组成的，每个这样的单位从事各种经济工作，从采掘各种原料开始，直

---

① ［德］G. 齐美尔：《桥与门——齐美尔随笔集》，涯鸿、宇声等译，生活·读书·新知三联书店上海分店 1991 年版，第 217 ～ 218 页。

② 吴承明：《什么是自然经济》，《经济研究》1983 年第 9 期。

③ ［德］卡尔·马克思：《资本论》（第三卷），中共中央马克思恩格斯列宁斯大林著作编译局译，人民出版社 1975 年版，第 896 页。

到最后把这些原料制造成消费品。”[①]这时，自然经济并不排除物物交换，但其交换范围仅限于使用价值的交换，即交换目的在于直接消费。从时空角度来看，受制于生产资料与生产单位的地域性与固定性，经济生产由“在场”的活动支配，此时，自然经济是时空合一的。不同于自然经济，商品经济是以货币为媒介进行的商品交换关系，其目的不仅在于实现其使用价值，更在于通过交换价值实现经济主体追逐利润、积累财富的目的。由于商品的流通速率和规模决定了财富获取的多寡，如何提高生产效率、流通速度、扩大受众成为经济主体致力于努力的方向，这一方向推进的结果是劳动分工的进一步细化以及流通领域的逐渐开放。由于以交换为目的，这时商品生产主要围绕供求关系展开，原先以血缘、地缘、民族等为界限的考量因素得以弱化，“普遍的需求和供给产生的压力，促使毫不相干的人发生联系”[②]。货币将商品交换切割成买和卖两个过程，商品的生产与交换日益复杂，经济活动的时空属性逐渐分离：不同生产部门之间以及生产部门内部不同生产环节实行专业分工生产，然后通过交换实现协作；货币作为商品交换的媒介，将商品交换过程切割成买和卖两个过程，割断了买和卖在物物交换下的必然联系，使买和卖成为两个独立的经济过程。市场经济是商品经济发展到一定程度的更为高级的经济形态，它在商品交换市场的基础上实现了生产要素的商品化，使得多重市场同时存在，交易过程变得复杂。

市场经济交易过程的复杂性与市场运作或者说经济主体互动的抽象性是同构的，具体来说通过如下几个方面呈现出来[③]：首先，就分工交换的交易过程来说，随着技术的推进与完善，交易过程的每一次分化都会形成一个新的交易市场，这使得从生产到消费的交易链在空间距离上不断拉长，一方面大量重复的生产与交换使得经济行为逐渐固化为相似的程式，另一方面只有将经济行为程式化才能避免因距离拉长而缺失的建立在熟人网络关系上的监督。因此，程式化是抽象性的第一层内涵。其次，就商品而言，程式化的生产过程产出大规模的同质性商品，同质性意味着一套统一的机械化操作流程与技术标准，它取代了凝结着个体直接劳动特色的手工艺物品。此时，抽象性意味着普遍性、同质

① [苏联] 列宁：《俄国资本主义的发展》，载《列宁选集》（第一卷），中共中央马克思恩格斯列宁斯大林著作编译局译，人民出版社 1972 年版，第 161 页。

② [德] 卡尔·马克思：《马克思恩格斯全集》（第四十六卷），中共中央马克思恩格斯列宁斯大林著作编译局译，人民出版社 1979 年版，第 104 页。

③ 李猛：《论抽象社会》，《社会学研究》1999 年第 1 期。

性。再其次，就流通媒介货币而言，它“把经济机会愈益变成为拥有货币数量的机会”[①]，人们的经济行动具有可计算性，其差别只不过是其可获得货币量的大小不同，“货币将所有不可计算的价值和特性化为可计算的量，它平均化了所有性质迥异的事物，质的差别不复存在”[②]。市场经济较之商品经济的不同之一在于劳动力也被商品化，购买劳动力的货币成为资本实现自身的增值并进而抹去个体之间质的差异。韦伯将这种技术上的可计算性称为经济行为的形式合理性，这时，抽象性意味着形式性、量化与数字化。最后，就经济主体互动的基础而言，其不再依赖于“对熟人的具体的道德判断（‘面孔管理’），而是借助对一个陌生人的范畴性理解，或者说类型化的知识”[③]，以形成一种抽象的信任关系。在这里，抽象性意味着人际关系的非人格化和道德情感的弱化，用象征某种资格的知识取代人格关系原本承担的功能。

（三）知识的类型化与普遍化

与自给自足的自然经济比较，市场经济建立的是一种分工交换的合作秩序。细密的、专业化的分工不仅发生在经济领域，整个现代社会亦然。涂尔干指出：“社会分工并不完全是现代的现象，在比较传统的社会形态中，社会分工就已初步形成，通常只限于男女性别之间的分工。社会分工的高度专门化是现代工业化生产的特有产物。”[④]“经济—社会”的理性化带来知识的转型与伴随社会分工强化而来的知识分化。知识凝结着人们对于自身与外部世界的认识，它以语言为载体，协助主体之间的沟通与合作。为了整合社会秩序，知识通常以制度化的方式实现其社会功能。就现代社会知识的类型化与普遍化而言，可以从如下几个方面加以理解：

首先是知识标准的科学性。这一点在第一章中有所涉及。由于人们对整个世界的认知褪去了传统社会的神学形而上学性质，一种建立在数学原则基础上的科学原则成为对知识界对“知识”认定的标准。社会科学的兴起与发展及其所建构的理性化的知识体系成为社会制度的智识基础。以经济领域为例，经济

---

① [德] 马克斯·韦伯：《经济与社会》（上卷），林荣远译，商务印书馆 2004 年版，第 102 页。

② 赵文力：《西美尔货币哲学视野下的文化冲突》，《国外社会科学》2009 年 1 期。

③ 李猛：《论抽象社会》，《社会学研究》1999 年第 1 期。

④ [英] 安东尼·吉登斯：《资本主义与现代社会理论——对马克思、涂尔干和韦伯著作的分析》，郭忠华、潘华凌译，上海译文出版社 2007 年版，第 86 页。

学承担起一套经济话语的建构以及围绕市场交易过程的各个方面的知识生产。分工的强化带来知识自身的类型化，如有关金融的知识、价格的知识等。主体对于经济的认识也是建立在分类图式之上的，借助各个分类体系的统一的话语，可以减少沟通的障碍和成本，实现经济秩序的整合。“就价格体系而言，最具重要意义的一个事实是，它的运行所凭借的知识很经济，即是说，参与这个体系的个人只需要掌握很少信息便能采取正确的行动。”①

其次是知识的普遍化。在社会科学领域，知识的普遍化并不是超验的，而是在实践中生成的。工业化生产模式按照劳动分工的不同将人们建构成不同的职业角色，这些角色摆脱了农业社会中对地域和人格属性的依赖。这一空间维度的平行化表明知识适用域的普遍化。再者，以经验事实为对象的知识生产活动服从以数理式理性为基础的科学原则，这一原则由“抽象概念的理论建构、技术的实践发明、演绎的逻辑论证和由理性实验引导的经验观察”②为构成要素。数字本身是没有内涵的，由数理式理性在不同事实之间建立起的关系通常是脱离人们内在感受的外部关系，例如，经济学中的诸多范畴如价格、利润等的含义可以用数学公式进行表达。这时，知识的普遍化从根本上看是由数学语言的外在性和通用性决定的。

三、“经济—社会”中的司法系统

在对中国改革开放四十年来“经济—社会”重建的内容及其理性特质有了一定了解的基础上，我们再来看现代社会中的司法系统。需要注意的是，这里的讨论采取的是规范性的视角，也即在一个以理性化为主要发展趋势的社会中，应该建立一个怎样的司法系统。这种规范性的要求恰成为下一节笔者所要阐述的人民司法传统嬗变的原动力。

① Hayek, F.A., Individualism and Economic Order, London : Routledge & Kegan Paul,1949,pp.86.

② R.Munch:《现代结构：现代社会之制度建构的基本模式及其形态》，转引自刘小枫《现代性社会理论绪论——现代性与现代中国》，上海三联书店 1998 年版，第 136 页。

（一）作为技术治理工具的司法系统

司法系统是法律系统的重要组成部分，要呈现司法系统与现代经济社会之间的关系，可以从法律系统与经济社会之间的关系着手。

从广义层面的社会来看，作为一个整体意义上的社会系统由各个相对自足又相互影响的子系统构成，这些子系统包括经济、政治、法律等领域。那么，法律系统在诸多子系统中扮演什么角色呢？这需要结合社会生活的微观与宏观两个维度来看。无论是洛克伍德对社会整合与系统整合[①]的区分，还是哈贝马斯对生活世界和系统[②]的划分，都内在的包含了这两个维度。社会整合直面生活世界中个体之间的互动关系，具体表现为个体之间的认同、沟通与冲突、对抗；系统整合是一种自我规定性的整合方式，它以制度为媒介，对各个子系统加以具体的规定，建构一套社会关系，从而对个体行为进行规制与引导。换句话说，宏观秩序的维系需要制度化的规定。制度是具有可操作性的程序技术，从内容上看是具有序列性、组织化的信息流[③]，从形式上看具有一般性、普遍性和系统性。事实上，无论在何种社会形态下，程序技术都存在，只不过在现代社会，在静态上程序技术的规模、理性化程度较之其他社会形态更甚，在动态上程序技术的实施方式有其自身的特点。现代经济社会的理性化使得各个领域的程序技术随着时空维度的延展而建立起覆盖整个社会的人为的制度环境。相较于经济、政治、军事等子系统，法律系统是这些程序技术的技术，它代表国家意志，将其他领域的社会关系纳入到法律制度的框架下，用法律语言将需要国家调整的社会关系转化为法律关系，以使国家对各种社会关系进行调控。在此意义上，法律系统是国家对社会进行技术治理或者说系统整合的工具。

司法是法律实施的方式之一，是国家进行技术治理的重要途径。具体来说，这种技术治理手段体现为国家的审判职能。在成文法国家，立法决定一个社会

---

① 社会整合针对行动者之间形成的秩序关系和冲突关系，系统整合针对社会系统各部分之间形成的秩序关系和冲突关系。参见 Lockwood,D.1964,Social Integration and System Integration.In G. Zollschan &W. Hirsch(eds.) Social Change: Explorations , Diagnoses and Conjectures. New York: John Wiley & Sons,pp.370-383.

② “生活世界”一词首先由胡塞尔在《欧洲科学的危机和先验的现象学》一书中提出，哈贝马斯在此基础上提出“生活世界”和“系统”这对范畴，并将之引入到他对交往行为理论的研究中。在哈贝马斯的理论体系中，“生活世界”和“系统”是两种社会整合方式，两者在整合的媒介方式与价值取向上不同。对这对范畴的详细了解，可以参见 Habermas. J,Legitimatiom Crisis, London: Heiniema,1976;Habermas.J,The Theory of Communication, Vol. Ⅱ : Lifeworld and System: A Critique of Functionalist Reason. Boston: Beacon Press,1988.

③ Schotter.A,The Economic Theory of Social Institutions,Cambridge: Cambridge UP,1981. 转引自渠敬东《缺席与断裂——有关失范的社会学研究》，上海人民出版社 1999 年版，第 288 页。

的价值偏向和权利义务的分配准则，通过立法过程形成的法律制度事实上规定了该国公民应当遵守的行为准则。在这层意义上，法律行为是抽象的集体行为。一旦法律付诸实践，在生活世界里，由一个个具体的个体的行为和言说体现出来。个体交互时产生纠纷或者违反了国家的强制性规定、侵害到他人的权利与公共利益，司法便作为一种事后的救济方式，以中立裁判者的身份依照法律规定进行审判。这并不表明司法过程中司法人员尤其法官没有自由裁量权，只不过在成文法国家，自由裁量权是较为有限的。通过中立地审判，执行裁判结果，修复被破坏的秩序，以实现对社会的治理或整合。在这一过程中，通过审级制度等程序的设计，给予司法系统自身的纠错机会，但裁判的最终效力并不等于裁判的绝对正确，而是源于司法背后国家的终极权威。

（二）作为脱域机制的司法系统

无论是法言法语还是司法技艺，都与人们日常生活的语言和思维方式有差异，它是需要专门习得的知识。因此，司法具有很强的专业性，司法系统的人员构成都是符合一定资格条件的专业人员。有一种观点认为，在转型时期，诸如司法系统这样极具专业性的部门在专业化、职业化的道路上会与社会民众更加疏离，从而影响司法自身的权威。事实上，这并不是司法系统自身的问题（当然这并不表示司法系统自身没有问题），根据吉登斯对现代性动力来源的阐述，在现代社会，司法系统属于脱域机制之一的专家系统，它的运作依赖于信任及其与信任相关的社会化建制。

所谓“脱域”，是指“社会关系从彼此互动的地域性关联中，从通过对不确定的时间的无限穿越而被重构的关联中‘脱离出来’”①。这与笔者前文所述的经济社会的理性化意涵相似，脱域后社会的运作离不开专家系统，即“由技术成就和专业队伍所组成的体系”，它“编织着我们生活于其中的物质与社会环境的博大范围”②。司法系统则是具有司法技艺和法律专业知识的群体组成的体系，为公众提供司法服务。公众即便是法律专业知识的外行或曰非专业人士，

---

① ［英］安东尼·吉登斯：《现代性的后果》，田禾译，黄平校，译林出版社 2011 年版，第 18 页。

② Eliot Freidson, Professional Powers : A Study in the Institutionalization of Formal Knowledge, Chicago: University of Chicago Press, 1986. 转引自［英］安东尼·吉登斯《现代性的后果》，田禾译，黄平校，译林出版社 2011 年版，第 24 页。

也会基于信任而接受生效的法律裁判。然而，这种对司法系统这一脱域机制的信任是什么，又是如何发生、如何可能的呢?

对司法系统的信任是对这一系统“可依赖性所持有的信心……这种信心表达了……对抽象原则（技术性知识）之正确性的信念”①。这种信任与司法系统的联结可以从两个方面来看：第一个方面是非法律专业人士与司法系统如法院在“交汇口”的联结，非专业人士对后者的信任很大程度上依赖于司法系统代理人的品行或态度，例如律师在与当事人沟通过程中体现出的语言能力、责任心等会打消非专业人士的疑虑。第二个方面是从司法系统内部来看，法律职业道德准则构成了司法人员相互之间可信任的手段，从整体上保证了系统本身的可信任性。那么，何以公众会对其所知甚少的抽象系统产生信任呢？这与信任的社会化建制有关，其中最重要的途径便是教育。人们通过从小接受科学教育，在潜意识层面接受、认同专业知识的权威，从而生发出对技术知识的尊重。换句话说，对某一个具体抽象机制如司法系统的信任是以社会潜意识层面的基础信任为前提的，通过科学教育的耳濡目染，人们在自我与技术知识营造的社会物质环境中建立起情感心理层面的“本体性安全”②。正是这一心理层面的“本体性安全”带给人们最原始的社会信任感，从而使作为脱域机制之一的专家系统的社会实践得以可能。

第二节　人民司法传统的嬗变

“传统发生变迁是因为它们所属的环境起了变化。传统为了生存下来，就必须适应它们在其中运作、并依据其进行导向的那些环境。如果某种职业的技术发生了变化，那么决定如何使用技术的诸种传统也要发生变化。”③根据上文，

① [英] 安东尼·吉登斯:《现代性的后果》，田禾译，黄平校，译林出版社 2011 年版，第 30 页。

② 吉登斯将“本体性安全”界定为:“大多数人对其自我认同之连续性以及对他们行动的社会与物质环境之恒常性所具有的信心”。参见 [英] 安东尼·吉登斯《现代性的后果》，田禾译，黄平校，译林出版社 2011 年版，第 80 页。

③ [美] E. 希尔斯:《论传统》，傅铿、吕乐译，上海人民出版社 1991 年版，第 345 页。

经济社会的重建使得整个社会环境趋向理性化，为适应日益理性化的社会，人民司法传统在“告别革命”恢复重建的同时经由制度变革不断进行自我调适。延续笔者在第一章中对人民司法传统进行论述的思路，下文对人民司法传统在改革开放四十年中变迁的阐述仍然从其政治面相和法律面相两个维度展开。在理性化作为整个社会重建特点及其趋势的背景下，人民司法传统的嬗变可以归纳为下述两方面：一是其政治面相的去政治化，二是其法律面相的自主性。从过程论的视角来看，对“去政治化”与“自主性”都应当在程度的而非绝对的意义上来理解。值得一提的是，从整体建制与司法实践的效果来看，“去政治化”与“自主性”的程度在不断加深，然而，这一过程并非是单一线性的，而是呈现出螺旋上升的特点。基于论文布局的考量，笔者在这里着眼于社会理性化推动下人民司法传统的变革内容，对于那些尽管在具体历史情境下也许合理但与这一叙述精神相悖的政策或措施放在下一章加以论述。

一、人民司法传统政治面相的去政治化

意大利社会学家 Alessandro Russo 认为，无论中国还是西方，以 20 世纪 60 年代为界，多数国家都经历了一个从“政治化”过程到“去政治化”过程的重大转变。“所谓‘政治化’，主要指的是对二十世纪前半期世界范围内一切具有鲜明阶级性及其政治追求的运动与制度安排；所谓‘去政治化’过程，主要指的是二十世纪六十年代末以来因资本主义全球化和全面市场化所导致的政党功能的消解、代表性断裂或缺失，以及各国政党大都变成稳固国家权力的公共性政治工具的现象。”[①] 按此理解，上文所描述的改革开放以来经济社会的重建便是一个“去政治化”的过程，尽管这一激进的市场化过程是在国家权力结构延续的形式之下推动，即具有汪晖所概括的“延续与非延续的双重特点”，但延续下来的国家权力结构在精神内核上发生转变。与革命语境下的“政治化”过程相比，“去政治化”主要体现在以下两个方面：第一个方面是“去阶级化”。以邓小平在中共中央工作会议闭幕会上的重要讲话《解放思想，实事求是，团

① 杨奎松：《也谈“去政治化”问题——对汪晖的新“历史观”的质疑》，http://www.aisixiang.com/data/71721.html.

结一致向前看》为指示，十一届三中全会将党和国家的工作重心由“以阶级斗争为纲”转移到社会主义现代化建设上来，做出实行改革开放的决策。在此背景下，十二大审议通过新党章，清除十一大党章中“无产阶级专政下继续革命”的观念与表述，做出了带有根本意义的修改与完善。再接着，无论是“三个代表”重要思想还是科学发展观中以人为本理念的提出与阐释，实质上已经超越了旧式阶级斗争的思维模式。第二个方面是弱化意识形态的争论，这与“去阶级化”是一体两面。改革初期，邓小平提出“不争论”原则，搁置“姓资姓社”的问题，为改革争取了时间和稳定的社会环境。这一原则也成为执政党在很长一段时间内意识形态工作方面的主导思路。

在“去政治化”的背景下，恢复重建的人民司法传统作为政治的重要组成，其在社会理性化推动下的变革也体现了这一“去政治化”的特征。当然，对这一特征的理解仍然不能脱离人民民主政体的框架：一方面，人民司法传统的变革仍然要遵循政治运作的逻辑并凸显后者的特性，这与革命语境下人民司法传统服务于政权巩固与建设的内在逻辑一脉相承；另一方面，从政治运作的特性即实质内容上来看，经济建设的重心较之革命语境下政治教化这一内核发生了根本改变。因此，从服务于政权巩固与建设这一点出发，人民司法传统变革的方向要与经济社会理性化的方向一致，也即回到上文所阐述的作为抽象机制的司法系统所应具备的特性上来。此时，法官作为法律适用者或裁判者这一身份越来越重要，而革命话语下的布道作用渐渐褪去。从具体的制度层面来看，主要通过法官资格与晋升标准对专业性的考量和审判方式的形式理性化两方面体现出来。

（一）强化司法人员录用与晋升的专业考量

司法人员的专业化与职业化是司法系统适应现代社会日益精细与复杂的分工必然的发展趋势。如何保证司法队伍的专业特性呢？无论是教育培养、制度规定还是个人的努力，与司法队伍的专业化之间只能建立起盖然性而非必然性的关联，在这里，笔者选取两个相对来说重要且具有可操作性的考量指标：一是司法人员的遴选制度，二是任职以后的激励机制。将专业的考量与这两个环节挂钩，可以在一定程度上保障司法人员的专业性。下面笔者对这两方面的制度改革进行梳理，以期在专业性维度这条主线上呈现人民司法传统的“去政治化”。这里依然以法官为主要论述对象。

1. 司法人员遴选的专业考量

1979 年 6 月，五届人大二次会议通过了包括《刑法》《刑事诉讼法》两部基本法在内的七部法律，自此拉开立法活动的序幕。在接下来的几十年内，随着立法主体与立法技术的多元、所欲规制的社会关系日益繁复，立法数量开始指数级增长，呈现出规模庞大、种类繁多、分类极细的特征。在这一历史进程中，1993 年是一个重要的转折点。1993 年 11 月 14 日，中共十四届三中全会通过了《中共中央关于建立社会主义市场经济体制若干问题的决定》，该决定提出“20 世界末初步建立适应社会主义市场经济的法律体系”。通过法律对国家进行治理较之 80 年代“摸着石头过河”的探索性过程，其重要性日趋增强。2011 年初，全国人大常委会委员长吴邦国在十一届全国人大四次会议上作全国人民代表大会常务委员会工作报告时宣布：中国特色社会主义法律体系已经建成。至 2018 年 8 月底，这一法律体系包括法律 267 件，行政法规 756 件，地方性法规 12000 多件。① 面对如此庞大的法律数量和实践中日益增多的诉讼需求，司法的事权事实上在日益扩大。与事权的扩张对应，该系统内部的编制规模也不断扩大。这是仅就量的要求而言。另一方面，法律的日益精细化与复杂化对司法人员的司法技艺提出了更高的要求。在对人员规模与能力有着双重诉求的背景下，采取何种方式对其进行选拔事关重要。综观既有的改革措施，在司法人员的录用方面，如下两个方面的举措具有重要意义。当然，正如前文所述，这里提及的举措或者说变革的努力与所欲达到的效果之间是一种盖然性的关系，对其影响的评估一来操作性很小，二来不能仅将短暂的历史时期作为评估参照的对象。

首先是司法人员的遴选由调配制改为招考制。人民司法传统恢复重建以来，司法人员的录用在很长一段时间内实行的是“司法角色大众化的录用体制”②。所谓司法角色大众化，主要指司法人员与其他职务角色一样，同为国家机构工作人员，并无司法专业的特殊性。1979 年颁布的《人民法院组织法》第三十四条规定了审判人员的资格：有选举权和被选举权的年满二十三岁的公民，可以被选举为人民法院院长，或者被任命为副院长、庭长、副庭长、审判员和助理

① 《截至今年 8 月我国现行有效法律 267 件——273 个市州获地方立法权》，《京江晚报》2018 年 9 月 17 日第 002 版。

② 程汝竹：《法治发展的逻辑：司法角色制度的优先性——兼论新〈法官法〉和〈检察官法〉在中国司法角色制度上的历史性超越》，《上海社会科学院学术季刊》2002 年第 2 期。

审判员，但是被剥夺过政治权利的人除外。可见对“审判员”的任职资格主要采以政治标准。面对新法律的出台，法院迎来第一次扩编。这时，充实司法队伍的主要方式是调配制。1979 年 9 月中共中央发布《关于坚决保证刑法、刑事诉讼法切实实施的指示》，要求中央组织部会同各司法机关和国家编制委员会，尽快研究制定健全各级司法机构和加强司法干部队伍的具体方案，有计划、有步骤地从党政机关、军队系统和经济部门，抽调一大批思想好、作风好、身体健康，有一定政策和文化水平的干部，经过必要的训练后，分配到司法部门工作。另一方面，现代化建设已经开启，百废待兴之时，亟须人才。1979 年邓小平在上海、山东等地视察之时多次提到推进干部的年轻化和专业化问题。在1980 年 8 月中央政治局扩大会议的讲话中，邓小平提及且认同了陈云所说的选拔干部要“在坚持社会主义道路和党的领导”这个前提下，“干部队伍要年轻化、知识化、专业化，并且要把对于这种干部的提拔使用制度化”①。同年 12 月的中央工作会议上，邓小平对“年轻化、知识化、专业化”做了进一步解释，将“革命化”置于先决条件的地位。这时，干部四化方针已经形成，其明确表述被载入 1982 年十二大新通过的党章中。这一国家用人的最高指示影响了次年《人民法院组织法》的修改。根据全国人民代表大会常务委员会第二次会议的决定，将第三十四条增加一款，作为第二款：“人民法院的审判人员必须具有法律专业知识。”调配制可以解决法院扩编对人员数量的要求，却无法保证人员的司法能力，通过公开招考的方式选拔人才是大势所趋。1982 年 1 月 13 日中共中央发布的《关于加强政法工作的指示》强调了对人才质量的要求，并拓展了录用的人员来源和方式，招考的方式被列入其中：“从大专和高中毕业生中招考合格的人才，从转业军人和基本建设队伍中挑选合格的干部、战士和职工，动员有法律知识的人员尽量归队。”1984 年郑天翔给时任中共中央总书记的胡耀邦写信，介绍天津在法院录人方面招考的成功经验，并提出将调配制改为招考制的构想。这一建议获得中央高层的肯定②，招考制改革提上议事日程。1984 年 11 月 25 日，最高院、国家计委劳动人事部共同下发《关于 1985 年地方各级人民法院招考录用干部的通知》（法人字第 453 号），其附表《1985 年地方各级人民法院招考录用干部指标分配表》中规定通过招考方式录用的干部占了一半以

① 邓小平：《党和国家领导制度的改革》，载《邓小平文选》（第 2 卷），人民出版社 1994 年版，第 326 页。

② 郑天翔：《行程纪略》，北京出版社 1994 年版，第 415 ～ 416 页。

上的比例。至此，司法人员的录用与学历挂钩，考试这一方式开启了将专业技能的掌握作为人员筛选的条件。尽管在 20 世纪 80 年代中期，这一变革有诸多不完善的地方，许多并不符合学历条件的人员通过函授等方式进行事后的弥补，但从长远来看，招考制逐渐改变了司法人员来源的构成，成为当下司法人员录用的最重要的方式。

其次是《法官法》的出台与修改。在招考制改革的背景下，最高院于 1986 年开始着手法官法的起草工作。招考是司法人员录用的方式，而一部专门的《法官法》可以对包括法官任职资格在内的各个方面加以制度化的规定，进而对法官的管理更为系统有序。从《法官法》的出台到日后的几次修订来看，司法职业主义的倾向是贯穿其制度变迁的主题，这亦是强化司法人员专业化的重要体现之一。1995 年出台的《法官法》第 9 条明确规定了法官任职的学历要求："高等院校法律专业毕业或者高等院校非法院专业毕业具有法律专业知识，工作满两年的；或者获得法律专业学士学位，工作满一年的；获得法律专业硕士学位、法律专业博士学位的，可以不受上述工作年限的限制。"尽管这一规定有例外情形，但在法官整体教育水平较低的背景下，这一明确的学历要求对日后的法官职业化发展具有深远意义。"可以说，如果没有《法官法》……对担任法官者设定的学历门槛，就没有后来关于'法官职业化'的明确提法，以及在法官职业化方面不断引入的高标准、严要求。"[①] 随着法律职业教育的普及，2001 年新修订的《法官法》对法官任职资格做了修正，将法官准入门槛进一步提高，具体体现在如下五方面：一是将 1995 年《法官法》第 9 条第 6 款中的"高等院校法律专业毕业"改为"高等院校法律专业本科毕业"；二是将该款中的"工作"改为"法律工作"；三是将原来第 12 条第 1 款作为初任法官录用程序的"公开考试、严格考核"改为"通过国家统一司法考试"；四是将原来第 12 条第 2 款对政务型法官的录用方式"从具有实际工作经验的人员中择优提出人选"改为"从法官或者其他具备法官条件的人员中择优提出人选"；五是将政务型法官的范围由"院长、副院长、审判委员会委员、庭长、副庭长"改为"院长、副院长"。这些变革都提高了法官的职业标准。在司法人员专业化、职业化发展的道路上，之后的改革对其任职资格的规定更加细致，并且辅以配套措施。以中共十八大开

① 张志铭：《〈法官法〉与法官的职业化进程》，《法律适用》2005 年第 7 期。

启的新一轮司法改革为例，《知识产权法院法官选任工作指导意见（试行）》（法〔2014〕267号）、《关于招录人民法院法官助理、人民检察院检察官助理的意见》（组通字〔2015〕46号）、《关于建立法官检察官逐级遴选制度的意见》（组通字〔2016〕29号）等一系列文件在尊重司法人员差异性的基础上对不同类别、级别的法官的任职资格做出更为详细的规定。

2. 司法人员激励机制的专业考量

录用条件仅是进入司法职业的门槛，一旦进入，如何通过恰当的激励机制保障法官的能力与其物质、精神利益取得正比可以一定程度上保障法院审判的整体水平维持良性的循环。“目前我国法院内部建立的‘利益和荣誉’手段主要有：①与收入待遇、社会认同、自我认同正相关的职务、职级、法律职称晋升；②非货币收益但却具有潜在的职务、职级晋升指标意义的评先、评优。”①

自1995年《法官法》实施以来，我国法院内部可分为职务、级别、法官等级三种序列，其中职务、级别针对的是国家公务人员这一身份，法官等级针对的是法官这一审判者的身份。职务序列可以按照工作性质和权责大小进行分类，如与审判相关的职务包括审判长、副庭长、庭长、审判委员会专职委员、副院长、常务副院长、院长。根据2006年正式实施的《公务员法》以及为贯彻其实施而颁布的实施方案，相同职务依所在机构的行政规格来决定其最高级别，在同一个机构内，每一职务层次对应若干级别，每一级别设若干工资档次。1998年7月23日下发的《中组部、人事部关于印发〈关于党政机关推行竞争上岗的意见〉的通知》将公开竞争上岗作为职务序列晋升的主要方式。根据《中共中央办公厅关于印发〈公开选拔党政领导干部工作暂行规定〉等五个法规文件的通知》，公开竞争上岗的程序包括“公布职位—公开报名—资格审查—考试—演讲答辩—民主测评（充分听取群众意见）—组织考察—党委（党组）集体讨论决定任命”。一般来说，法院职务指的是审判管理这类事务，从性质上来看是行政管理岗。尽管实践中担任这些职务的法官专业技能很强，但仅从职务本身的特点来看，职务的高低并不与专业能力必然正相关。因此，专业能力只能作为考察候选人综合能力的因素之一，其对法官专业化的正向激励作用并不明显。职级序列与职务序列有一定的对应关系，同时其晋升有相对的独立性。《公务员

① 刘忠：《格、职、级与竞争上岗——法院内部秩序的深层结构》，《清华法学》2014年第2期。

法》第 19 条第 3 款规定："公务员的级别根据所任职务及其德才表现、工作实绩和资历确定。" 2005 年中组发〔2011〕18 号文件中的配套性文件之一《法官等级和级别升降暂行办法》第 16 条进一步明细了法官职级晋升的规则：法官累计五年定期考核结果为称职以上等次的，可以在法官等级对应级别范围内晋升一个级别。目前我国对法官的定期考核并没有统一的规定，即便如此，根据相关的实证研究，各级法院考核具有同构性[①]，即通过各种量化的指标来测度法官的廉洁度、努力度和司法能力，这本质上是对法官进行"数目字管理"。从形式上看，职级序列的晋升的确将专业考量纳入其中，但这种激励的效果却受制于多方面的因素：一是量化指标的效力问题，即各项量化指标与法官能力之间的正相关关系令人怀疑；二是在隐性的行政逻辑面前，法官为争取最大化的考核结果通常选择回避可能的风险和责任，这时，考核结果在多大程度上传递了法官的廉洁、努力与技能同样值得怀疑。由此可见，无论是职务序列还是职级序列，对于法官专业素养的激励很难说有多大的效果。相较于这两种序列，法官等级序列的建立似乎更能承担起法官专业化与职业化的重任。法官等级制度由 1995 年《法官法》确立，其立法目的在于"增强法官的责任心和荣誉感，激励法官的好进心，更好地履行审判职责"[②]。法官等级的晋升及相关制度由 1997 年颁布的《中华人民共和国法官等级暂行规定》加以规定。根据该规定，法官分为四级十二等，晋升有积年和选任两种方式，评定标准以法官所任职务、德才表现、业务水平、审判工作实绩和工作年限为依据。无论是从评定标准还是激励后果来看，法官等级制度都背离了其建立的初衷：首先看评定标准，法官等级是国家对法官水平的确认，决定法官等级高低的因素应该是法官的专业水平，然而，《法官等级暂行规定》的第 8 条、第 17 条都将法官的职务职级作为重要的衡量标准，使得法官等级行政化；其次是激励效果，如果作为一项独立的序列，法官等级确实可以给法官带来一定的荣誉感，然而，与前两种序列相比，法官等级序列在很长一段时间内无法给法官带来切实的利益，法官毕竟不是"圣人"，这种激励效果是大打折扣的。直到 2007 年，经国务院批准，人事部、财政部共同发布了《关于实行法官审判津贴的通知》(国人部发〔2007〕

① 参见艾佳慧：《社会变迁中的法院人事管理——一种信息和知识的视角》，北京大学 2008 年博士学位论文，第 27～31 页。

② 任建新：《关于〈中华人民共和国法官法（草案）〉的说明——1994 年 5 月 5 日在第八届全国人民代表大会第七次会议上》。

105 号)，规定法官审判津贴按法官等级执行相应标准，才将法官等级与法官待遇挂钩。

综上所述，长久以来，尽管围绕法官专业化、职业化的激励有不少规定，但激励作用是相当弱的。针对这一困境，十八大以来新一轮的司法改革再次将法官的专业化、职业化建设作为改革的重要内容，具体措施之一就是建立法官单独职务序列，与原来的行政职级脱钩。“建立法官单独职务序列，不是变相为法官‘提职级、加工资’，而是依托法官确立的‘四等十二级’法官等级制度，在实行法官员额制基础上实现法官等级与行政职级脱钩，在等级设置、晋升方式、晋升年限、选升比例、考核惩戒和工资制度等方面充分体现法官职业特点，实行有别于其他公务员的人事管理制度，保障审判权依法独立公正行使，确保实现‘让审理者裁判、由裁判者负责’。”[①] 改革重点在于法官等级的评定标准不再纳入行政职级，而是围绕审判工作的性质与特点对业务水平、审判工作实绩等进行考量。以此为前提的晋升也就集中于法官职业特性的考量，并且这一改革还与工资制度进行衔接，使得法官待遇水平更能体现其专业能力和职业素养。无论在职业荣誉感还是物质回报方面，这对于法官来说都是更好的激励。

（二）审判方式的形式理性化

第一章中述及，革命语境下，司法领域通过群众路线实现政治教化的具体方式是马锡五审判方式。在经济社会重建，政治过程日渐“去政治化”的过程中，司法领域政治合法性宣誓的要求变弱，道德理想主义的热情也随之褪去。与社会整体理性化相对应的是审判方式的形式理性化，这一形式理性化的特点与现代经济社会对司法系统的要求是相契合的。总体来说，按照韦伯对法律“形式理性”的阐释，“形式理性”包含着一般性、程序性、系统性等含义。具体而言，相较马锡五审判方式，理性范式下审判方式的形式理性化在制度层面的变革围绕着庭审展开。

1. 审判形式由就地办案变为坐堂问案

从审判形式的角度看，马锡五审判方式采用巡回审理、就地办案的形式。就地办案是一种“广场司法”，它并没有在法官、当事人与其他旁观群众之间建立严格的身份区隔，并任由在场者的集体情绪支配审判的走向。经济社会的理

① 《最高人民法院关于深入做好司法改革政策解读工作的通知》，法〔2017〕86 号。

性化是一个随着时空分离逐渐脱域的过程，审判的运作日益摆脱以情感为支撑的模式，转向稳定性与可预期性更强的制度模式。无论法官、当事人还是其他审判的参与者，他们不仅仅是具体的人，更是抽象的制度角色，这些角色的互动建立于一套程式化的规定和统一的法律术语。这时，审判活动已经与日常生活中人们的互动有了明显的差异，它逐渐成为抽象机制的一部分，也因此有了一定的封闭性。一个相对固定的空间有助于强化这种差异，并充分凸显审判活动的特性。司法的“剧场化”是社会理性化的必然要求。

审判方式改革的第一步就是将审判形式从就地办案变为坐堂问案，这是之后审判方式其他方面改革的前提。1982 年 3 月 8 日五届全国人大常委会第二十二次会议通过的《中华人民共和国民事诉讼法（试行）》第一章第 7 条规定：“人民法院审理民事案件，应当根据需要和可能，派出法庭巡回审理，就地办案。”从该条在整个试行文本中的位置来看，就地办案的审判形式被列在总编下的任务和基本原则一章，这表明就地办案是原则性的规定，在实践操作中也应当是主流。诚然，就地办案可以方便民众，利于查清案件事实。然而，随着八十年代以来经济体制改革带来的整个社会环境的变化，越来越多的案件涌入法院。[①] 与此同时，计划经济体制下人民公社与单位制的瓦解、道德的失范以及人民调解纠纷解决功能的衰退，使得司法成为解决纠纷的主要途径。面对汹涌而来的案件，若依然强调司法人员事必躬亲，深入案发地收集证据、对案件事实进行调查，则不利于审判的效率以及对审判的统一管理，就地办案的弊端越来越突出。事实上，1982 年的《民事诉讼法（试行）》第 56 条已经规定了当事人的举证责任，但在就地办案这一审判形式的历史惯性下，“首先是认为人民法院对审理的民事案件负有举证的责任；其次是在实践中，绝大多数民事案件的证据，都是由人民法院收集和调查的”[②]。重压之下，部分地方法院开始加强当事人举证责任制的执行，以减轻法院的压力。在 1987 年十三大开启政治体制改革的背景下，结合《民事诉讼法（试行）》在实践中运行碰到的问题，全国人大常委会法工委和最高人民法院制定了《民事诉讼法（试行）》（修改草案），并提交七届全国人大常委会第十七、十八次会议审议。经审议，委员长会议决定将《民事诉讼法（试行）》（修改草案）提交七届全国人大四次会议审议。1991

① 参见何永军《断裂与延续：人民法院建设（1978—2005）》，中国社会科学出版社 2008 年版，第 204 页。

② 方柱：《从司法实践看民事诉讼中当事人举证责任的性质》，《法律学习与研究》1989 年第 4 期。

年 4 月 9 日，七届全国人大四次会议审议并通过了《中华人民共和国民事诉讼法》。

1991 年《民事诉讼法》中如下修改从根本上改变了就地办案这一审判形式，使得坐堂问案由边缘趋向主流。首先是对于举证责任的进一步明确。新颁布的《民事诉讼法》第 64 条对《民事诉讼法（试行）》第 56 条进行修订：一是修改原来的第二款作为第三款，明确法院的职责是“审查核实”证据，而非原先规定的“收集和调查”证据；二是增加一款作为第二款，规定了法院“收集和调查”证据的指定情形，即只有在“当事人及其诉讼代理人因客观原因不能自行收集的证据，或者人民法院认为审理案件需要的证据”这一条件下，法院才应当收集调查。这意味着，原则上法官应该开庭审理案件而不必再亲自深入案发地收集和调查证据。这一修改为试行中第七条的变动做了铺垫。在新的《民事诉讼法》中，原来总则编中对“巡回审理，就地办案”的规定降格到第二编审判程序中的规定，据新法第一百二十一条：“人民法院审理民事案件，根据需要进行巡回审理，就地办案。”这表明就地办案成为坐堂问案的补充形式。

2. 庭审实质化改革

坐堂问案或者说开庭审理成为主要的审判形式后，审判方式的改革便围绕着如何实现庭审实质化而展开，也即以充分发挥庭审的功能为目标。庭审实质化可以从两个方面来看：一是从庭审的外部关系看，庭审功能发挥的前提是以审判为中心，即在与侦查、起诉的关系中，审判处于中心地位，其他皆服务于审判；二是从审判的内部关系看，法庭审理是整个审判阶段的核心。以这两条为主线，从 90 年代“一步到庭”的审理模式开始，到 90 年代中后期证据规则的出台以及三大诉讼法的每一次修正，都旨在实现这一目标。具体的制度规定及其变迁过程，笔者在此不赘述。总体来看，庭审实质化的改革在制度上明确不同制度角色的职权，并对诉讼程序的每一环节加以更为细化的规定，最终保障审判权的独立行使和当事人诉讼权益的落实。换句话说，庭审实质化改革使得审判方式更加制度化、规范化。相较而言，体现马锡五审判方式的相关做法进一步被弱化，典型的例子是人民陪审员制度。

人民陪审员制度具有浓厚的政治象征意味，它是司法领域贯彻群众路线最为直接的方式，这一制度暗含的逻辑是：让人民群众参与到审判活动中等同于审判结果体现了人民的意志，这是人民当家做主、人民民主实质内涵的外在体现。从起源来讲，人民陪审员制度源自革命根据地时期的陪审制。据考察，对人民陪审进行规定的法律文件最早出自 1932 年 2 月 1 日颁布的《中华苏维埃共和国军事裁判所暂行组织条例》[①]。在短暂的十几年内，陪审员的权利经历了对案件事实和法律的决定性权力从有到无的变化。1949 年 9 月 29 日颁布的《中国人民政治协商会议共同纲领》明确规定了人民陪审员制，为中华人民共和国成立后人民陪审员制度的正式确立奠定基础。1951 年 9 月，中央人民政府颁布的《中华人民共和国人民法院暂行组织条例》第 6 条规定："为便于人民参与审判，人民法院应视案件性质，实行人民陪审制。陪审员对于陪审的案件，有协助调查、参与审理和提出意见之权。"1954 年 9 月 20 日一届全国人大一次会议通过的《宪法》第 75 条第一次以宪法文本的方式规定了该制度，次日通过的《人民法院组织法》第 8 条、第 9 条第 2 款也都对其加以规定。如第一章中所述，这一时期司法的整体制度构建并不完善，其强烈的政治教化使命和动员倾向使得人民陪审员制的落实包裹在群众集体的道德宣泄中，也即这一制度并没有按照制度本身的运行规律得以很好的执行。改革开放伊始，人民陪审员制度在很短的时期内就经历了由恢复到衰落的变化。1978 年《宪法》第 41 条第 2 款规定："人民法院审判案件，依照法律的规定实行群众代表陪审的制度。对于重大的反革命案件和刑事案件，要发动群众讨论和提出处理意见。"1979 年《人民法院组织法》第 10 条第 2 款和《刑事诉讼法》第 9 条都对这一制度进行了规定。然而，从文本上来看，不到三年，相关法律就对人民陪审员制进行了修改。1982 年《宪法》废除了人民陪审员制。同年颁布的《民事诉讼法（试行）》第 35 条对一审案件合议庭人员的组成加以变通，是否需要陪审员由法院决定。1983 年 9 月，修改后的《人民法院组织法》与《民事诉讼法（试行）》中的选择性规定保持一致。根据张友渔对《民事诉讼法（试行）》第 35 条的说明，人民司法传统恢复以来，人民陪审员制的实行面临如下困难：一是人手不够，微观经营机制的改革大大提升了人们的劳动积极性，鲜有人愿意当陪审员；二是在法官队伍整体的专业能力还较为薄弱的前提下，陪审员的非专业可能造成审判秩序的混乱；三是财力不济，法院无力负担陪审员的费用。[②]

直到现在，人民陪审员制在审判实践中发挥的作用都是相当微弱的。尽管 2004 年 8 月 28 日十届全国人大常委会十一次会议通过了《关于完善人民陪审

① 参见唐东楚《人民陪审的两个"第三波"与司法群众路线》，《中国法律评论》2017 年第 1 期。
② 参见张友渔《张友渔文选》（下卷），法律出版社 1997 年版，第 167 页。

员制度的决定》，随之对人民陪审员制从选任、培训、考核等各个方面出台了一系列的意见、通知、答复等文件[①]，解决了人力与财力的问题，并对陪审员的管理日益规范化，但这并不能从实质上增进该制度的实效。新一轮的视点改革将陪审员的审判权适用范围集中于案件的事实审，以期缓解陪审员与法官在法律专业问题上可能存在的冲突。然而，一来事实问题与法律问题无法二分，二来所谓的“事实”在分工日益细化的当下也非任何人能够理解，陪审员对事实的看法甚至异议与公正审判之间并不能建立起必然的因果联系。从更为根本的现代性视角来看，包括司法系统在内的作为脱域机制的专家系统服务于理性化的经济社会，个体感性层面的直觉等因素退回到私人域，社会秩序的建构与维系更依赖理性的制度设计及其背后的专业知识而非那些不言自明的常识。强调这一点并不意味着公民与专家系统处在二元对立的位置，而应该在尊重专家系统运作逻辑和明晰专家系统所需的社会信任关系的前提下重新思考人民陪审制的功能和目的。

二、人民司法传统法律面相的自主性

随着经济社会的理性化及其对抽象机制的需求，法院事权不断扩大，与之伴随的是法院内部机构数量和人员编制的扩张，法院在日益科层化的同时自主性也随之提升。[②]另一方面，从“法”与“政”关系的角度来看，如同人民司法传统政治面相的教化性与法律面相的依附性是一体两面，人民司法传统政治面相的去政治化与其法律面相的自主性亦是相互亲和的。法律面相的自主性意味着，作为实现政治目标的主要手段，法律运作更多的遵循其自身内在的逻辑，以更高教义之名改变法律常规运作秩序的现象大大减少。从依附性向自主性的转变伴随着一系列制度的变革，与前文相呼应，笔者仍然从服从党的领导以及为中心工作服务这两个方面进行考察。

---

① 例如《关于人民陪审员选任、培训、考核工作的实施意见》（法发〔2004〕22 号）、《关于人民陪审员管理办法（试行）》（法发〔2005〕1 号）、《人民陪审员制度改革试点工作实施办法》（法〔2015〕132 号）等。

② 参见刘忠《论中国法院的分庭管理制度》，《法制与社会发展》2009 年第 5 期。

（一）党对司法的领导：领导方式的改变

1. 取消党委审批案件制

“文革”后，基于对中华人民共和国前三十年法律虚无主义的反思，国家开始恢复对法制建设重要性的认识。这一过程以反思批判此前的一些做法为起点，对党委审批制的反思便是其一。1979 年 3 月 6 日，李步云在《人民日报》内参上发表《党委审批案件的制度需要改变》一文，指出党委审批案件的九大弊端。该文被《情况汇编》转载，报中央领导人参阅，受到重视。[①] 同年 7 月五届人大二次会议通过了《刑法》《刑事诉讼法》在内的七部法律，对其贯彻落实成为接下来法制建设的重要内容。已有的历史教训表明刑事司法的实施需要倍加谨慎，党委审批的随意性导致的恶果远远大于其“把关”作用，若延续党委审批制，将对新法的顺利实施构成阻碍。在新法颁布不久后，彭真在全国检察工作座谈会、全国高级人民法院和军事法院院长会议、第三次全国预审工作会议上发表讲话，对党委审批制从原则上进行了否定。[②] 这一讲话表明了中央高层的态度，随后，时任中共中央办公厅副主任的邓力群受命起草文件，废除党委审批案件制。1979 年 9 月 9 日，中共中央发布了《关于坚决保证刑法、刑事诉讼法切实实施的指示》，该指示明确规定：“中央决定取消各级党委审批案件的制度。”

从制度层面来看，党委审批案件制的取消对于理清执政党与司法机关之间的关系具有重要意义，从根本上奠定了今后司法制度建设的方向。从实践来看，党委审批案件的做法不会再成为主流，这间接提升了司法的自主性。当然，需要指出的是，尽管指示出台，这一文件并没有收进《十一届三中全会以来重要文件的汇编》[③]，可见其实际效力是有局限的。另一方面，党委在司法机关人事任免方面仍然有着影响力，例如基层党委对同级基层法院院长的任免有建议权，上级党委有决定权。在这种情况下，党委直接或间接审批案件的情形时有出现，例如 2003 年 2 月 5 日吉林省松原市中级人民法院在松原市政法委的干预下引用政法委会议的精神对某起合同纠纷的生效判决做出中止执行的裁定。[④] 20 世纪 90 年代中后期至 21 世纪初，通过行政逐级发包、属地管理、财政分成与官员

---

① 参见李步云《走向法治》，湖南人民出版社 1998 年版，第 326 ～ 329 页。

② 参见彭真《论新时期的社会主义民主与法制建设》，中央文献出版社 1989 年版，第 25 ～ 26 页。

③ 侯欣一：《党委不再审批案件的台前幕后》，《深圳特区报》2015 年 4 月 28 日 B11 版。

④ 郭加奇：《“会议纪要”怎能成为法律依据》，《领导文萃》2004 年 09 期。

晋升机制这四个基本要素构成的地方政治治理模式促进了地方经济的飞速发展，司法保护主义一度甚嚣尘上，党委以服务地方经济利益的名义对司法审判进行干预的现象并不少见。2005年中共中央发布《关于进一步加强和改进党对政法工作领导的意见》（中发〔2005〕15号）强调党对政府工作的领导要依法，“支持司法机关依法独立公正行使职权，不干预政法部门正常的执法活动，不代替政法部门对案件的定性处理”①。十八大以来，通过对纪检监察机构的改革严肃党风党纪并进一步加强法治建设，党政机关的工作有序纳入制度化的轨道。据笔者在基层法院调研了解的情况，至少在笔者调研的N市，近年来并不存在党委审批案件的情形。员额制实施背景下，法官的自主性得到进一步保障，受干预的可能性也大大减小。

2. 缩小请示报告范围

与党委审批案件制不同，请示报告本身不是一种权力关系，而是列宁式政党组织的工作方法之一。权力可以被废除，工作方法因其组织性质而生没法废弃。因此，从共产党成立以来它一直都是党领导司法的重要途径。与1953年《关于加强中央人民政府系统各部门向中央请示报告制度及加强中央对于政府工作领导的决定（草案）》中将请示报告的内容指向“一切主要的和重要的工作”且实践中几乎事事要请示报告不同，1979年《关于坚决保证刑法、刑事诉讼法切实实施的指示》缩小了需要请示报告的范围，对于“县级以上干部和知名人士等违法犯罪案件”，只有“极少数特殊重大情况”才须向上级请示。对于日常的司法工作，“各级司法机关中的党组织和党员干部，要主动向同级党委汇报请示工作，并充分发挥工作中的主动性、积极性和创造性”。诸多法院领导人的讲话也对请示报告加以强调，如1980年6月14日江华在湖北检查工作时强调“凡属方针、政策问题必须请示党委”②，1987年彭真在全国政法工作会议上指出“重大疑难的案子……一定要主动向党委请示报告”③。“重大问题”、“重大疑难案件”、“复杂案件”等是领导人讲话中较为常见的表述，而在正式的文件中，一律采用“重大事项”一词。那么，何为重大事项呢？2017年中央办公厅印发《政法机关党组织向党委请示报告重大事项规定》及《关于〈政法机关党

① 参见中央政法委机关理论学习中心组《加强和改进党对政法工作的领导》，《求是》2006年第15期。

② 江华：《江华司法文集》，人民法院出版社1989年版，第137页。

③ 彭真：《论新中国的政法工作》，中央文献出版社1992年版，第425页。

组织向党委请示报告重大事项规定〉的贯彻落实意见》，据笔者的理解，这些表述的实质内涵是指所需请示报告的问题具有一定的社会和政治影响力，对其可能影响的估测由法院决定。

3. 政法委职能弱化

1978 年中央决定重设中央政法小组，根据《中共中央关于成立中央政法小组的通知》（中发〔1978〕35 号），中央政法小组的职能包括协助中央管理、审核死刑案件、调查研究执法情况等。紧接着，十一届三中全会对政治路线的调整、中央政法小组人员的变动以及在具体制度上对党委审批案件制的废除，共同促成了对中央政法小组的调整。1980 年 1 月中央决定成立中央政法委，《关于成立中央政法委员会的通知》对中央政法委这一组织机构的性质与事权做出规定。根据该《通知》和 1982 年《中共中央关于加强政法工作的指示》，政法委是党委的“工作部门”，主要负责“协助中央处理各地有关政法工作的报告”、“协调政法部门的工作”、“调查研究贯彻执行中央方针政策和国家法律的实施情况”等，但不再拥有审批案件的权力。1988 年，在新一轮国家机构改革中，中央政法委被撤销，中央成立政法领导小组。1990 年中央重新恢复设立中央政法委，其组织名称沿用至今，对政法委的定性由党委的“工作部门”转为“职能部门”[①]。1991 年 2 月，中共中央成立中央社会治安综合治理委员会，下设办公室，与中央政法委员会合署办公。2018 年 3 月，中共中央印发了《深化党和国家机构改革方案》，将中央社会治安综合治理委员会及其办公室，有关职责交由中央政法委员会承担；决定不再设立中央维护稳定工作领导小组及其办公室，有关职责交由中央政法委员会承担；将中央防范和处理邪教问题领导小组及其办公室职责划归中央政法委员会、公安部。

中央的决定具有宏观的指导意义，具体到地方尤其是基层政法委，其事权的所指存在地区性差异。大致说来，各级政法委的职责不出 1995 年《中共中央政法委员会关于加强各级党委政法委员会的通知》列出的 10 条。从实践层面来看，能体现政法委实权的是“协调有争议的重大、疑难案件”，其他多半为虚职。仅就这一多为学界诟病的“协调案件权”来看，政法委的职能在政法机构规范化、制度化的进程中不断弱化。在这里，弱化指的是在其案件协调职能的

---

① “政法委员会是各级党委领导、管理政法工作的职能部门。”参见《中共中央关于进一步加强政法干部队伍建设的决定》，载中共中央文献研究室编《十五大以来重要文献选编》（中），人民出版社 2001 年版，第 829 页。

实施中，政法委在与其他政法部门之间的权力博弈中愈发趋向弱势：“政法委员会权力由主动而转换为被动的角色，协调关系变成了类似于‘请求’的关系。”[①]换句话说，政法委的权威或影响力变弱，在制度保障缺失的前提下，权力博弈的结果往往取决于组织机构的资源实力，具体来说是人力与财力：一方面，就人力而言，政法委的人员构成多为即将退居二线的干部，他们具有较为娴熟的沟通谈判技能，却欠缺具有高度专业性的法律素养，这一点并不利于其与政法部门协议讨论，使其在话语上就占据劣势；另一方面，就财力而言，有限的财政支付能力常常限制其实际运作的效果。[②]当然，最根本的因素还是在于政法委并不享有能对其他政法部门产生控制力的权力。这里不排除个别因政法委一把手能力突出而给整个组织带来的影响力，但就一般情形而言，资源实力薄弱是普遍现象，这使得政法委以越来越消极的姿态介入案件的协调。政法委职能变弱有利有弊。有利的方面是，对其归口管理的政法部门影响力降低，协调会的初步意见只是作为判案的参考，这有助于各个政法部门相对独立的行使权力。弊端则是，对于需要协调的案件，如涉及维稳、信访的案件，由一方提请政法委组织协调时，政法委的组织动员效果很大程度上取决于一把手，若一把手威信不够，没有与其他政法部门的负责人形成良好的互动关系，则协调很难推进下去，从而阻碍案件的处理。这一利一弊之间的张力实则是当下司法改革困境的一个缩影或切面，后文会进一步展开论述。

（二）为中心工作服务：内容与方式的转变

前已述及，确立每个时期工作的重心与目标是党的工作方式之一，动员整个国家与社会的力量实现不同阶段的目标、自上而下的部署工作要求所有部门为中心工作服务是该工作方式的特点。这种工作方式及其特点源自列宁式政党组织自身的特性，即以统一意识形态认同为基础、具有严密的组织结构和强大的凝聚力。意识形态的教义属性在宏观层面引领着党工作方式的“目标主义逻辑”，确定阶段性的工作目标则是为实现宏观层面的远大目标在中微观层面实施的具有可操作性的策略。根据第一章中笔者对中华人民共和国成立初三十年来人民司法为中心服务工作实践的论述，可以发现，这一时期中心工作紧紧围

① 侯猛：《司法改革背景下的政法治理方式——基层政法委员会制度个案研究》，《华东政法学院学报》2003 年第 5 期。
② 参见侯猛《司法改革背景下的政法治理方式——基层政法委员会制度个案研究》，《华东政法学院学报》2003 年第 5 期。

绕经济建设、政权巩固和思想改造而展开，服务的方式具有强烈的动员性，司法审判常常异化为道德审判。改革开放以来，为中心工作服务这一点未变。以笔者调研的T区法院为例，每年中央的工作重心和会议精神在法院系统内经由层层会议下达后，T区法院会制定一份工作要点，对全年的工作内容进行规划，并在接下来的工作中致力于目标的完成。周黎安对这种模式在行政体系中的运用称作“行政逐级发包”，与行政系统相比，司法系统的审判工作任务更多取决于来自社会的诉讼需求，而来自国家的硬性工作部署更少可操作性。综观四十年来人民司法服务中心工作的具体内容和方式，较之中华人民共和国成立初三十年的实践有了很大的变化。整体来看，在中华人民共和国成立初三十年内以道德和政策为主要依据的司法实践随着司法自主性的提升逐渐以法律为依据，司法为中心工作服务与依法审判之间的张力越来越小。结合笔者在调研中搜集的资料，下文从内容与方式两个维度对这一变化加以说明。

1. 服务内容日趋多样

经济领域要建立现代化工业体系，政治领域要巩固政权、镇压反革命势力，文化上要破除旧道德、建立新道德，这是中华人民共和国成立初三十年国家中心工作的定位，亦是当时司法所要服务的对象。改革开放四十年来最大的改变在于，一个与国家相对分离的去政治化的“社会”逐渐形成，此时，国家不再仅仅按照理想的目标来制定阶段性的政策，更要面对突发事件频仍的“社会”做出即时的回应以及事后的进一步防范。在这个过程中，一个最为根本的变量还是社会的“现代性”特质。进言之：国家在推进现代化进程的同时还要应对部分源自现代社会运作本身会产生的问题。也因此，国家中心工作的内容随着社会的巨变而发生变化，较之中华人民共和国成立初三十年越来越繁复。这一背景下，对司法服务中心工作的较为笼统的另一种说法是“司法参与社会治理”。在笔者看来，对这一说法要做更为精确的阐释。司法是法律实施的环节之一，通过法律适用调整社会关系，这本身就是参与国家的社会治理。一些学者强调的“治理”已经附加了突破合法的界限以追求实质效果的意涵，这以法律的合法性和有效性相冲突作为其所认定的“治理”的隐含前提。

为了后文更好地说明服务内容日趋多样这一点，这里需要对改革开放以来司法所处的经验环境及可能面临的问题进行更为细致的分类：第一类是常态的现代社会秩序，只要依法适用法律就可以恢复被破坏的秩序；第二类是前现代社会秩序，中国地域面积辽阔，各地区风俗习惯迥异，且发展程度不一，在这一背景之下将经验格式化继而文本化的立法过程面临着行为分类与定性标准难以统一的问题，此时制定出来的法律在司法适用过程中面临着产生负面社会效果的压力；第三类是由现代社会风险性带来的突发情况，需要国家应急处理。基于此，国家的中心工作可以大致分为两类：一类是积极推动前现代社会向现代社会的转型，另一类是对现代社会秩序进行实时调控。

上面是从社会性质的角度进行的分类，以其为基本的参照，现在从具体的内容来论述国家中心工作的多样，观念、经济、政治、社会构成国家中心工作最基本的四个方面：

首先来看观念领域，最基本的问题是培养个体的现代公民意识，这一过程并不必然朝着一个理想型的现代公民意识发展，因此，存在着观念的不同步、异化以及观念冲突的问题。观念的冲突可以分为历时性的冲突和共时性的冲突：历时性的冲突是前现代与现代个体观念的冲突，共时性的冲突通常针对个体意识觉醒后多元观念之间的冲突。观念的异化通常表现为个人伦理的失范。法律意识是现代公民意识的重要构成，人民司法在服务于国家培养现代公民意识这一中心工作时，其主要的实践便是承担一部分普法和法制宣传的工作。就审判业务来说，其在法制建设刚起步时会面临法不责众的困境，如法律与习俗、情理之间的张力。

其次来看经济领域。十一届三中全会将党和国家工作的重心转移到社会主义经济建设上来，发展经济成为各级政府最重要的职能。市场经济由形成到发展，一方面需要稳定的社会秩序与健全的法制对其加以保障，另一方面随着市场经济的日趋成熟和完善，其自身固有的缺陷市场失灵和市场失陷不仅会给经济秩序造成巨大的波动，亦会因其影响面之广而上升为社会问题。在面对这些问题时，司法服务于经济建设就有两种不同的性质：一是从现代化的维度推进企业的成长，如通过进企业办讲座的方式普及相关法律知识，80、90 年代法院主动揽案、帮助审查合同的现象并不鲜见[①]；二是贯彻国家对于市场风险调控而出台的各项政策，例如在 T 区法院 2009 年的工作要点中就列出了应对国家金融危机引发的各类纠纷所要采取的具体服务措施。

再次来看政治领域。如前文所述，改革开放以来经济社会的重建具有去政

① 何永军：《断裂与延续：人民法院建设（1978—2005）》，中国社会科学出版社 2008 年版，第 108 ～ 110 页。

治化的特点，这里的去政治化并非不要政治，而是弱化意识形态的争论。在此前提下，为更好地保障经济社会的发展，国家对其自身的职能定位开始发生变化，随之而来的是政治体制变革。司法系统本身就是政治系统的组成部分，每一次司法改革都可以视为对这一中心工作的回应。

最后来看社会领域。一般来说，社会涵盖了经济、政治、文化等子系统，但与这些具体领域相并列的“社会”指的是对共同体具有普遍利害关系的领域，例如，社会公共安全、社会信任等。经济发展与个体意识的觉醒使得一个相对独立于国家存在的“社会”正在逐渐形成，并且，随着整个经济体向更高水平的发展，社会也会经历复杂指数的升级。国家在应对日趋复杂的社会问题时，其所发挥的作用是有限的，很大一部分问题需要社会共同体中具有能力的人群以分散的主动权来治理。近些年来，社会管理创新成为国家的中心工作，在T区法院2011年的工作要点中，笔者看到法院为积极促进社会管理创新而进行的工作部署，如“开展‘社会管理创新年’活动”、“全面建立人民法庭诉讼服务站，增设巡回审判点，不断拓展法庭参与社会管理创新的工作平台”、为推进社会诚信体系建设而“探索和完善失信企业名录和曝光机制”等。

综上所述，改革开放四十年来，经济社会的重建与发展带来社会各个方面的嬗变，新旧问题交织共存，国家在不同时段致力于解决的问题随之不断拓展，较中华人民共和国成立三十年更为繁复。与之相应，人民司法延续了改革前为中心工作服务的职能，但其所服务的内容却愈加多样。

2. 服务方式更尊重法律

另一个较为明显的改变是司法服务于中心工作的方式更尊重法律，或者说更尊重司法的自主性。这与整个法制环境的改善密切相关。中华人民共和国成立初三十年，司法对政治有着强烈的依附性，司法技艺更多被当作政治统治的工具。前文提及，法律系统是技术的技术，即它自身就带有工具属性，但是，工具的运作有它相对独立性的一面，这点在革命语境和实践下是被道义的善恶二元评价给覆灭了的。对此，很多80年代就进入法院工作的法官们都肯定了中国法制的进步。在对众多法官访谈的过程中，笔者深刻地感受到：“依法”已经成为法官们的自觉。印象颇深的是，P法官在我对他的访谈中曾这样说：“法律人，总是想着只按法律办事。”另一位J法官坦言法官不是圣人，但依法审判是最基本的底线。司法服务于中心工作的方式更尊重法律在涉法型中心工作中体现得尤为明显，这里举一例加以说明。

家纺是T区的支柱产业之一，近年来，为提升企业的竞争力，向产业上游升级，越来越多的家纺企业加大了自主研发的比重。然而，产品一旦研发出来投入市场，就会被许多没有研发能力的企业抄袭，严重侵犯了企业的知识产权，影响了当地经济良性的发展。一般来说，通过诉讼方式可以解决某些企业的困扰，但是，由于侵权现象较为普遍，影响到地方经济的长远利益，在为经济建设服务的政治要求下，T区法院采取了诸多措施为家纺产业服务。除了走进家纺企业，为员工开设专题讲座外，对于知识产权的司法诉讼，推行了“三审合一”的改革，即民、刑、行合并审理，避免三个合议庭分开审理对同一个问题可能看法不一的情形，继而提高了审判效率。此外，对于涉诉的专利侵权案件，法院优先处理、重点处理、及时处理。对于案件涉及的法律问题，则按照法律的规定做出判决。上述诸多做法尽管对于家纺专利侵权的案件给予了重点照顾，却仍然“依法”处理。与之相较，无论是革命环境中用道义、政策作为审判的依据，还是20世纪80、90年代的司法地方保护主义，现在的服务方式都没有突破“依法”的底线，许多方式是对司法技艺的变通而非实质性的篡改。当然，从司法权的被动性来看，法院基于为经济建设服务所采取的措施仍然是主动的，但历时性的来看，对法律给予更多的尊重也是实质性的进步。

第三节　小结

改革开放以来，中国社会在去政治化的背景下以社会主义市场经济的建设为核心逐渐褪去中华人民共和国成立初三十年弥漫在整个社会环境中的激进的道义力量。以微观领域扩大经济主体经营自主权、中观层面资源配置机制的市场化和宏观政策环境变革为主要内容的经济改革推动中国社会由传统社会走向现代社会，也即日益理性化。经济社会的理性化体现为个体的自主性和趋利性、交互关系的抽象性为特点以及通过知识的制度化维系的社会秩序。法律是最主要的制度形态，它代表国家意志，将社会各个系统纳入制度的轨道，通过作为抽象机制的专家系统对社会进行技术型治理。这种社会整合方式不再以先验的价值认同为纽带，而是建立在以深度自我和欲望生产为基础的个人主义之上。司法系统是理性化的经济社会中作为专家系统存在的抽象机制，它以社会信任为运作基础，具有抽象机制的“脱域”特征。在经济社会理性化的驱动下，人民司法传统发生嬗变。在政—法关系的视角下，人民司法传统的嬗变体现为：一是人民司法传统政治面相的教化性在去政治化的过程中加强了司法专业性的提升，具体通过法官资格与晋升标准对专业性的考量和审判方式的形式理性化两方面体现出来；二是人民司法传统法律面相由对政治的依附性逐渐变得具有自主性，这从服从党领导司法以及司法为中心工作服务的内容与方式两方面体现出来。

第三章
道法二元结构下人民司法的现实困境

司法是国家整合社会的重要途径，在此意义上，人民司法传统的嬗变反映的是国家整合社会方式的变化。这一变化取决于如下变量：个体的观念和诉求、社会的整体目标和具体情势以及国家整合社会方式的有效性和正当性。新中国的成立确立了国家人民民主政权的正当性以及通过列宁式政党组织实现社会主义社会乃至共产主义社会的目标，这一点看似在经济社会重建的去政治化过程中被消解了，但其根基地位和目标从未动摇，变化的仅仅是不同历史时期对实现这一目标的阶段性任务的理解以及实现方式的调整，这体现为市场经济的建立与依法治国方略的确立。与之相应，人民司法传统也朝着规范化、制度化的方向推进。这似乎是一个由革命范式向理性化范式演进的单向叙事，由此，意识形态实质内涵的实现作为一个宏远的目标可以暂时搁置，这里暗含了一个理所当然的预设，即这一单向叙事的推进会必然实现最终的目标。然而，历史的演进往往是多维度并进且充满偶然性的，这集中体现在当下中国法律秩序、政治秩序与社会秩序的相反相成的关系中：首先，以司法制度建制为代表的法律秩序仍然薄弱，其发展与完善所需的稳定环境并不能由自身提供，还需要由从革命时代延续下来的一套政治话语和实践提供保障和自上而下的执行力；其次，作为法律秩序深层基础的以道义承诺为特征的政治秩序在革命激情回复到理性的常态之后难逃“寡头统治铁律”，其为法律秩序提供保障的同时却又因政治权力行使的专断性与随意性而与规则的运作特点相悖，同时制约了法律秩序的发展；最后，社会发展的断裂带来的多种社会性质秩序交织共存的局面会放大社会的不确定性、复杂性和潜在的风险性，增大社会失序的可能性，这对尚且薄弱的法律制度与革命时期的政治整合方式同时构成挑战。当并不完善的法律建制无力应对超出其能力范围的情况，且旧式的整合方式在短时间内还无法调整成更强有力的回应模式时，执政党能做的只有将在经济社会理性化进程中式微的旧式整合方式推到大众面前，发挥其能动性，暂解燃眉之急。正是在前述的背景和应对逻辑下，2001 年 1 月 10 日召开的全国宣传部长会议上，江泽民首次提出在国家的治理上，“要把法制建设与道德建设紧密结合起来，把依法治国与以德治国紧密结合起来”①。2001 年 7 月 1 日，江泽民在庆祝中国共产党成立八十周年大会上进一步对“以德治国”加以阐释，次年 11 月 8 日的中共十六

① 《江泽民文选》（第三卷），人民出版社 2006 年版，第 200 页。

大上，“实行依法治国与以德治国相结合”上升为党领导人民建设中国特色社会主义必须坚持的基本经验之一。[①] 十八大以来，中央加强党风廉政建设，把全面依法治国纳入“四个全面”战略布局，这是在德政与法治两条线上同时强化国家整合社会的能力。

就当下人民司法实践运作的规律与特点来看，笔者并没有采取学界较为流行的“人民司法传统的复兴”这一表达，而是将其归纳为道法二元结构。通过前两章的论述不难发现，“去政治化”只是暂时搁置或者说弱化意识形态在整合社会时可以发挥的功效，它并没有消失或被废除，而是隐藏在常规秩序之下，在需要时随时可以通过意识形态的“出场”，被视作回应社会失范或紧急情势的手段。根据周雪光的研究，常规的官僚体制运作与意识形态动员下的运动型治理之间主从关系的转换并不是任意的，而是建立在稳定的制度化的组织之上。[②] 在笔者看来，道法二元结构正是呈现在众人面前的纷繁司法现象背后的稳定基础，其在现实中运作的困境不过是上文所言的法律秩序、政治秩序与社会秩序构成的相反相成的关系在司法实践中的具体折射。下文予以详述。

第一节　司法供需失衡

20 世纪八九十年代，法院主动揽案的现象并不鲜见，这与当时的司法环境以及法院为中心工作服务的方式还不规范有关，另一个侧面也反映了至少在“量”的层面司法供给能够满足需求。然而，经济社会的发展使得整个社会环境以及司法体制自身都发生了翻天覆地的变化，司法供需失衡已经成为当下司法实践的一大困扰。司法供需失衡是指司法资源供给小于需求，具体而言可以细分为两个层面：一是从量上来看，人案矛盾加剧；二是从质上来看，司法能力依然薄弱。这里依然以法院为例予以详述。

---

① 江泽民：《在庆祝中国共产党成立八十周年大会上的讲话》，《求是》2001 年第 13 期。

② 参见周雪光《运动型治理机制：中国国家治理的制度逻辑再思考》，《开放时代》2012 年第 9 期。

一、人案矛盾加剧

无论是新闻媒体的报道还是学界的研究，都用“案多人少”来表达人案之间的矛盾。从字面上看，“案多人少”直观地呈现为案件数量多与办案人数少之间的矛盾。然而，若仔细深究，便会发现这一表达呈现出来的直观意涵其实经不起推敲。历时性地来看，根据最高人民法院公报网上的最新统计，2016 年全国法院共收案 19994651 件[①]，是 1978 年约 61 万件的 32 倍多；法官人数截止到 2014 年员额制改革前，共有 19.6 万名[②]，是 80 年代初约 6 万人左右的近 3.3 倍。案件数量增幅远超法官人数。横向来来看，以 2012 年为例，部分国家每 10 万人口对应的法官数量依次为：美国 0.6 个联邦法官、9.99 个州法官；英国 6.77 个；德国 24.46 个；法国 9.5 个；日本 2.73 个；中国则是 14.4 个。[③] 乍一看，横向纵向两种比较并不能得出一致的结论。事实上，这两种比较是相当粗略的。在这里，笔者首先对“人”与“案”进行界定：这里的“人”是指单位时间内所有法官实际投入到解纷活动中的劳动力时间，“案”则指单位时间内受理的案件所需要的平均劳动力时间。后者受制于案件的数量和平均劳动力水平。这部分主要是从“量”的层面来讨论，就暂不考虑“质”层面的平均劳动力水平。综观全国司法实践的运作趋势，人案矛盾的日益加剧主要是北上广等一线城市和东部发达地区的困境，“案多人少”具体指单位时间内法官实际投入到解纷中的劳动力总时间与单位时间内受理案件所需的平均劳动力时间之间的差距越来越大。在这里，笔者主要通过对造成受理案件数量持续增加和解纷劳动力时间相对缩减的各自原因的阐明，以呈现两股越来越远的趋势，从而论证司法供需失衡的一面即人案矛盾加剧。至于其他经济发展较为落后的地区，在经济有了较大改善而笔者提及的原因大致不变的情况下，也可以推测人案矛盾加剧这种可能的发生。

案件数量的持续增加是人案矛盾加剧的主要原因，这可以理解为单位时间内法院解决所受理案件需要的平均劳动力时间持续增加。下面我们从法律、社会与国家三个层面进行分析。

---

① 最高人民法院：《2016 年全国法院司法统计》，《中华人民共和国最高人民法院公报》2017 年第 4 期。

② 截至 2014 年，我国法院共有近 34 万工作人员，参见林娜《案多人少：法官的时间去哪儿了》，《人民法院报》2014 年 3 月 16 日 002 版。

③ 何帆：《法官多少才够用》，《人民法院报》2013 年 6 月 7 日 005 版。

首先，转型时期经济社会的发展拓展了生活世界的广度和深度，与之相应，立法的数量和种类越来越多，分类也越来越细致。法院的职能是依法适用法律，法律数量和种类增多，表明法院的事权增加，案件受理的范围也越来越广。进言之，从法律层面看，如下方面的变化可以视为影响案件数量持续增加的因素：第一，从法律类型来看，有法律、行政法规、地方性法规、自治条例和单行条例等，“立法主体从全国人大及其常委会、国务院扩大到 31 个省（区、市），又从 49 个较大的市、5 个经济特区扩大到 240 个社区的市、30 个自治州、4 个不设区的地级市”[①]。第二，从法律体系来看，到 2011 年已经建成涵盖宪法及宪法相关法、民商法、刑法、行政法、经济法、社会法和诉讼与非诉讼程序法等七大法律部门的中国特色社会主义法律体系。第三，从法律数量来看，由改革开放初期不到百件的法律文件增长到现在的数以万件。[②]法院事权的增加开启了法院受理案件数增多的可能，从实际操作层面看，案件数量的增加还受制于案件受理制度。十八届四中全会提出改革法院案件受理制度，将原先的立案审查制变为立案登记制。立案登记制要求法院对当事人的起诉仅做形式审查，即原则上当事人的起诉都要受理。鉴于国家对转型时期社会秩序的风险把控，对于特殊案件类型如破产案件等有例外的规定，但较之于立案审查制对实质要件的审查，立案登记制的推行确实降低了案件受理的门槛。从这一制度落实的效果来看，法院立案数量在实施前后有了较为显著的增长。例如，根据北京四中院的统计，从 2015 年 5 月 4 日至 2015 年 5 月 31 日，四中院累计立案 171 件，日均立案 8.55 件，日均立案案件数比实施前增加了 2.41 件，增长幅度为 39.25%，其中，行政案件增幅最为明显。[③]

其次，有效的解纷途径单一。经济社会的理性化促使熟人社会向陌生人社会转变，一方面，社会流动性增强，机会主义行为增多，同时，转型时期个体或群体在观念与利益分配方面的差距或差异非常大，这些都容易引发矛盾、产生冲突；另一方面，在乡村，村庄内生权威严重式微，传统纠纷调解机制非常

---

① 胡健：《改革开放四十年立法工作的七个转变》，《中国法律评论》2018 年第 5 期。

② 改革开放初的法律数量是笔者根据中华人民共和国成立初三十年的立法数量所做的粗略统计得出，1949 年至 1954 年间共计 23 件，1954 年至 1958 年间共计 60 件，1963 年至 1964 年间共计 3 件，1976 年 3 件，参见陈斯喜《新中国立法 60 年回顾与展望》，《上海政法学院学报（法治论丛）》2010 年第 2 期。

③ 张勤缘、杨宗腾：《立案登记制全面实施首月 北京四中院日均立案数增长近四成》，https://www.chinacourt.org/article/detail/2015/06/id/1642746.shtml.

衰弱，无法解决村庄纠纷，乡村社会有着强烈的“迎法下乡”的需求[①]；在城市，单位制日趋瓦解，社会的多元纠纷解决机制并未建立，这时，若想要维护自身权益，除私力救济外，个体只有寻求国家的帮助。在这种纠纷解决渠道十分单一的背景下，大量纠纷涌向法院。

再次，国家政策的激励。在法制建设与依法治国的背景下，国家的法制宣传及相关政策都有力地推动了民众选择诉讼作为纠纷解决的手段，间接助长了社会中的好讼之风。在一些学者看来，民众选择诉讼，并不是权利意识提升的结果，“当下中国的‘权利’话语几乎是在与公共生活疏离甚至刻意回避的语境下展开的，它不是在公民通过公共参与和政治表达来改善权力的品质，而是鼓励以诉讼来救济个体利益”[②]。国家政策的激励具体体现为“司法为民”的服务宗旨及相关便民措施的落实。2003 年最高院院长肖扬在全国高级法院院长会议中发表讲话，提出“确立司法为民宗旨，实现公正与效率主题”的目标，至此，“司法为民”成为国家改革司法的正当性话语之一，同时也成为衡量司法实践的标准之一。2009 年 2 月 18 日，最高院发布《关于进一步加强司法便民工作的若干意见》，列出诸多便民举措，如设立立案大厅或诉讼服务中心，建立非工作日立案和信访接待制度，法院可以邀请人大代表、政协委员、基层人民群众做诉讼协助工作等。进一步分析，从提升公民选择诉讼作为纠纷解决方式的意愿来看，相关举措按功能可以分为两类：一是在前文所说的抽象机制“交汇口”处提升公民的信任感；二是降低诉讼成本，减轻公民选择诉讼的负担，诉讼成本包括时间、精力与财力等，其中对实践带来显著影响的措施是诉讼费用的改革。在苏力看来，法院在经历这么多年的发展后，扩张式发展也许已经走到尽头，解决“案多人少”的一个有效途径便是提高诉讼费用。[③]换句话说，诉讼费用的降低对案件数量的增加具有显著作用。2007 年 4 月正式生效的《诉讼费用交纳办法》在 1989 年《诉讼费收费办法》及 1999 年的补充规定基础上：1. 减少了诉讼费用的收取类型，原来的六类变为三类；2. 降低受理费，例如降低了小额财产案件的征收额，不征收的情形由两类扩大为五类等；3. 细化了案件征收标准，在案件的诉讼性、财产性之外，又将案件的繁简度、结案方式等因素

① 对乡村社会“迎法下乡”这一论断的实证研究，参见陈柏峰《乡村司法》，陕西人民出版社 2012 年版。
② 姜峰：《法院“案多人少”与国家治道变革——转型时期中国的政治与司法忧思》，《政法论坛》2015 年第 2 期。
③ 苏力：《审判管理与社会管理——法院如何有效回应“案多人少”？》，《中国法学》2010 年第 6 期。

纳入考虑范围，使得诉讼费更加合理。诉讼费用制度的改革使诉讼费总体上降低了 58.58%[①]，在该办法刚出台后不久，法案收案量便呈井喷式增长，例如，柳州市柳南区法院民事审判庭在 2004 年后保持持续增长，其中 2007 年、2008 年增幅显著加大，这两件增加的案件总量占 2004 年至 2008 年这五年民庭收案总量的 69.4%[②]。

最后，案件复杂性提升。同等案件数下，案件越复杂，其审理所需的平均劳动力时间就会越多。在这里，复杂案件主要指两类：一是随社会的不断发展、科技的更新而出现的新型案件，这类案件在法律上并没有明确的规定，在案件定性方面存在难度，需要集合法院的集体智慧。例如，2014 年 5 月 15 日宜兴法院开庭审理的冷冻胚胎继承案，这在中国尚属首例，一审法院与二审法院对于冷冻胚胎的法律属性及其处置做出不同的判决。二是可能对经济社会秩序产生重大影响的案件，这类案件在社会关系发生结构性转变的时期十分容易出现，即便事实清楚、法律关系明确，法官也不会仅以法律规定作为裁判依据。相反，法官需要倍加谨慎，投入更多的心力和时间，以防激化当事人之间的矛盾。这类案件常见的有涉及土地拆迁、企业破产等的群体性诉讼和集团诉讼。笔者在调研过程中遇到这类颇具争议的案件，这时，主审法官往往会将该案提交法官专业会议。法官专业会议由该庭的所有法官及分管副院长出席，每个人依次发表自己的意见，然后再围绕核心议题展开讨论。据笔者的观察，法官专业会议集众人智慧对案件进行分析，有利于进一步明晰争议点，这是其有利的地方。然而，讨论结果可能是出现比主审法官预期更多的意见，这给案件定性加大难度。法官专业会议并不是法律规定的审判组织，如果最终达不成一个多数决的意见，分管副院长会提交法官专业委员会或者审判委员会讨论，这一流程走下来，实际投入案件的时间精力拉得很长。再者，以民商事案件为例，现在对其实行繁简分流，要求简案快审、繁案精审，然而，案件的繁简只有在对案件事实本身有了一定程度的了解之后才能判断，速裁组分到的案件有相当一部分无法做到快审。虽然法官可以将案件提交系统，由庭长分给负责繁案的审判组，但出于工作绩效考核以及在整个庭内个人能力的证明，法官很少这么做。换句

① 参见高绍安《〈诉讼费用交纳办法〉实施后的问题与对策》，《中国审判》2007 年第 5 期。

② 参见柳州市中级人民法院网《新诉讼费用缴纳办法对民事案件影响的调研报告》，http://lzzy.gxcourt.gov.cn/info/1059/1488.htm.

话说，实践中所谓的简单案件实际花费的时间精力并不一定少。

人案矛盾的困境一方面源自案件数量的持续增加，另一方面源自法官解纷劳动力时间不够，人力不足。

二、司法能力薄弱

从质的方面来看，当下中国司法供需失衡的困境体现为司法能力薄弱。这里的司法能力是指“一种职业能力，是司法部门（法院）和司法人员（法官）基于审判职责的胜任力”，具体来说，其核心要素是基于裁判所需的思维能力和语言能力，表现为事实认定能力、法律适用能力、诉讼调解能力、庭审驾驭能力和裁判文书制作能力。[①] 一般来说，法官能力弱也可以等同为法官职业素养不高。在非常宽泛的层面上，法院可以通过提高法官录用门槛以及对在职法官进行职业能力培训来提升法官队伍的整体水平。历时性的来看，改革开放四十年来法官队伍的专业素养有了较大的提升，笔者在前文第二章第二节中对此已经做出阐述。然而，与司法实践所需的技能水平相比，当下的法官队伍司法能力还远远达不到要求，这一点亦反映在每年两会最高院院长向大会所做的工作报告中。笔者将 2009 年至 2018 年这十年来的最高人民法院工作报告进行了比对和归纳，发现：一方面“部分法官司法能力不能适应新类型的案件”或者“部分法官处理复杂疑难案件的水平不高”几乎是每一年工作报告都会提出来的问题；另一方面，加强司法队伍的能力建设同样是每年全国司法系统都会强调的重要工作部署。这说明我国司法能力薄弱是长期以来存在的问题，但这样的描述相当空疏。由于司法能力是一个比较的概念，一来并没有具体的比较对象，二来在实践中对其进行评估的可操作性非常低，因此，很难对当下中国司法能力进行更细致、准确与深入的描述。有研究者试图将司法能力量化为结案率、调撤率、上诉率这些可以用精确的数字加以表达的变量[②]，然而，这些变量与司法能力之间的关系并不如精确的数字那样明晰。

---

① 宗会霞：《法官司法能力研究》，南京理工大学 2013 年博士学位毕业论文。

② 参见王飞、刘卉《十年回首：对法官遴选制度的检视与修正——基于对东部地区基层青年法官司法能力的调查分析》，载《探索社会主义司法规律与完善民商事法律制度研究——全国法院第 23 届学术讨论会获奖论文集》（上）。

基于此，笔者并不试图着力描述当下司法能力薄弱的程度及其表现，而是根据调研中的观察和感受，将重点放在制约法官能力提升的因素的论述上。无论是法官录用资格还是法官在职培训，都忽略了法官的主观意愿对其提升其司法能力的作用。法官的司法能力是在司法职业过程中逐渐提升的，即便在刚入职时有着较高的学历也不必然意味着其可以成为一名优秀的法官，同样，法官培训对于那些领悟能力较低抑或对自身要求偏低的法官来说无疑是徒劳的。在笔者的考察中，发现法官有这样两种类型：一类是积极提升司法技能型，另一类是懈怠型。

就第一种类型的法官来说，只要其发挥主观能动性，点滴积累办案经验，不断更新知识储备，长期下去其司法技能可以有很大的提升。然而，如下因素制约了其司法能力的提升：一是案件数量多，在审结期限内平均每个案件的办案时间相对就少，这导致法官办案无法精细，对于案件背后具有普遍意义的法律问题也难以投入更多的精力加以深入思考。思维能力是裁判能力的核心要素之一，无法深入思考问题意味着其对问题的认知只能停留在较浅的水平，思维能力得不到提升，也就很难胜任复杂疑难案件。笔者多次听 D 法官抱怨时间不够，其在处理某个案件时曾对笔者说，该案若进一步思考可以引申出很多问题，可惜没有精力进一步探索，尽管他对此抱有强烈的兴趣。二是绩效考核的异化，以审判庭为单位，在有职业抱负的法官之间会形成无形的竞争，这种竞争在当下的绩效考核机制中，体现为盲目追求结案数的最大化。中国法院系统实行的是一套以“数目字管理”为特征的、包括了指标设定、指标考核和指标激励的、基本同构化的绩效考评制度。[①] 在同等条件下，如法官没有廉洁等方面的问题，结案数是最重要的考量指标。一方面，由法官职业特性决定，办案是法官的本职工作，结案数多能体现法官的能力，且是其能力体现的最重要的因素；另一方面，在经济发达地区，案件数量非常大，考核指标赋予结案数重要性也具有一定的导向作用。基于此，一般来说，在法官的职务晋升中（员额制改革后，入额法官等级晋升符合一定年限自动晋升，在这里主要指晋升到行政岗），首先看结案数，然后再看发改率，最后看是否有调研成果。若结案数多，发改率不高，调研成果有锦上添花之效，这三大因素排名靠前者晋升可能性最大。因此，

① 参见艾佳慧《社会变迁中的法院人事管理——一种信息和知识的视角》，北京大学 2008 年博士学位毕业论文，第 23 ～ 28 页。

为了获得认可和提拔，法官通常会争取尽可能多的结案。这使得原本作为法官能力体现的水到渠成的结果成为法官主动追求的目标，一来这回到第一点案件数过多，法官没有时间自我提升；二来结案数作为考核指标的重要性被过分夸大，一旦这种正向激励失灵，法官得不到认可时，就会一下子陷入自我怀疑，并继而懈怠。这在基层法院、中级法院是非常普遍的现象。高院、最高院在前几年弱化结案数的重要性，但最近几年导向又趋向结案数。三是培训指导机制效果不佳：首先是培训方式，法院系统内的培训包括视频会议的学习和去法官学院培训两类。视频会议是单向的授课模式，对话性、研讨性不强，法官参与性不够，积极性亦不高，很难取得应有的效果；法官学院培训的覆盖面比较小，中、基层法院法官参加这种培训的人数并不多，这主要受制于人员的精力与法院的物力财力。授课内容最终会统一在最高院网站上发布，按理来说，法官随时可以通过线上视频自主学习，然而，前述两方面的办案压力使得法官疲于应对自我能力的提升。其次是从培训内容上来说，最近几年来，培训的师资以及授课内容的专业性有了很大改善，但整体看来体系性还有待加强。

与第一类法官相比，第二类得过且过、并不追求自身能力提升的法官在整个司法系统中也不在少数。“懈怠”要从相对的意义上来看，主要针对以下两方面：一是不追求办案数，二是不通过学习来提升对于法律的理解和法律适用的技能，长此以往司法能力止步不前。对于绝大部分懈怠型法官来说，他们也曾有过积极向上、追求自我提升的阶段，只不过当付出得不到正向回报时，努力的动力不再，于是便陷入懈怠。这种懈怠不同于乱办案、办错案，无从监督，难以改变。

司法能力的提升更多的是法官自我学习的问题。外在的激励机制固然重要，但在中国法官人数庞大、僧多粥少的情况下，无论以什么标准作为法官能力的区分，其激励性只会使得极少一部分人受益。法官培训机制还有相当多可以提升的空间，但在案件数量多、法官积极性不强、法院人财物有限的前提下，即便这方面完善，其对整个司法系统法律人能力的提升会带来多大的效果，依然值得怀疑。

综上所述，从人案矛盾加剧和司法能力薄弱两方面，中国当下司法供需失衡已然成为客观存在的困境。

第二节　司法道义性与法律性之间的张力

与司法供需失衡这一在当下司法实践中迫切需要解决的表层问题相比，司法道义性与法律性之间的张力则是更为深层的困境，它集中凸显了司法道法二元结构下政治秩序、法律秩序及社会秩序三者之间交织的复杂关联。前文提及，当三者相反相成的关系在理性化改革到一定阶段产生较为严重的社会失序问题时，依法治国与以德治国相结合的治理思路被提上日程。十八大有关司法改革的部署仍然延续了这一思路：2013 年 11 月 12 日十八届中央委员会第三次全体会议审议通过了《中共中央关于全面深化改革若干重大问题的决定》，该《决定》要求深化政治体制改革必须“坚持党的领导、人民当家做主、依法治国有机统一”。“推进法治中国建设”是深化政治体制改革的重要内容之一，就其构成环节司法领域而言，《决定》明确表示深化司法体制改革的目的是“维护人民权益，让人民群众在每一个司法案件中都感受到公平正义”。次年，第十八届中央委员会第四次全体会议审议通过了《中共中央关于全面推进依法治国若干重大问题的决定》，这一《决定》对“司法”的部署不仅包括围绕司法审判为核心的各项制度的完善措施，还强调了司法的人民群众路线，加大力度保障人民群众参与司法。

从政治秩序出发，人民民主的教化性决定了司法的终极目标是善，它要求个案达到实质正义，或者说“让人民群众在每一个司法案件中都感受到公平正义”。其实现方式是司法的人民群众路线，即通过群众参与到司法运作中以便随时反映民意。从功能角度看，这种大众参与的方式正是国家通过司法整合社会的手段。法律秩序的建立预设了法律是公民的共识或妥协的产物，它使得司法通过专家系统这一脱域机制实现对社会的整合，这时，大众参与可以视为这一机制自身局限的修补机制，绝非替代机制。若涉及对审判依据的质疑，需要通过修法程序启动对相关制度的修改。笔者在第二章中已经指出，人民司法的群众路线在改革开放以来一直存在，只不过在弱化意识形态争论的时期其具体要求和实现方式有了不少改变。然而，一旦社会陷入失序，通过法律的社会整合无力解决时，依法治国背景下的去政治化倾向便会转向泛政治化倾向，司法的道义性不再“隐匿”，而是通过一套自洽的话语和技术“出场”，试图解决法律失灵的领域，并借此重申和巩固政权的正当性和有效性。司法的道义性和法律性并不是无缝连接，分工明确地完成各自的使命，两者在司法实践中体现出来的张力从长远来看关系到法治现代化的成败。下面，笔者以个案的形式从三个方面呈现司法道义性和法律性之间的张力并详述之。

一、多元目标的实现与有限的司法资源之间的紧张：以曹某上访为例

新中国确立的人民民主的国体决定了以全国人民代表大会制度为根本政治制度的政体。这一政体形式具有议行合一的特点，即全国人民代表大会制度首先是国家最高权力机关，代表上升为国家意志的统一的人民意志，从其产生出具体的国家机关：立法机关、行政机关、司法机关等。这些具体的国家机关接受国家权力机关的监督并受其领导。在这层意义上，司法机关一方面要履行其审判职能，另一方面又要服从抽象的权力机关的意志。从司法运作的目的来看，主要有：一是通过审判解决纠纷，二是通过为中心工作服务，保障经济发展、维护社会稳定、保护生态环境等。司法的多元目标由人民司法道义性的超越特点决定，面对这些多元的目标，原本就疲于应对大量审判业务的法院系统在有限的资源供给下更是捉襟见肘。回到本章第一节，笔者在论及“解纷劳动力时间相对缩减”这一点时已经提到非法律性事务占据的时间对人案矛盾加剧的可能影响，这可以视为多元目标的实现与有限的司法资源之间紧张的一个小小的缩影。然而，在这里，笔者试图通过描述调研中碰到的一个上访案件，来呈现实践中更为复杂的一面，以期揭示目标实现与有限资源之间“紧张”的多个维度。

（一）曹某上访案简述

信访工作是指“各级党和政府机关及各种社会管理组织受理人民群众来信、接待人民群众来访的一项经常性的群众工作”，它秉承党的群众路线精神，是中国重要的政治制度之一。国家关于信访工作有两种基本取向：一是社会动员

取向，国家鼓励民众信访，民众信访积极性越高，表明其政治参与的热情越高，越能表征政权之人民民主的正当性和有效性；二是冲突化解取向，信访是社会的“减压阀”，它能够调和个体或群体之间的冲突，缓和社会矛盾。中华人民共和国成立的前三十年到改革开放四十年来，信访制度从动员取向逐渐转为冲突化解取向，又在21世纪之初民生相关问题改革后转向冲突化解和动员取向并存的局面。[①] 法院的信访工作亦然，只不过从具体内容而言，法院承担信访接待工作中与审判执行有关的部分。笔者选取的曹某上访案并不是涉诉信访，但从T区法院信访接待处了解到，该案是所有来访案中耗时最为长久的一件，其所涉及的问题又切中笔者对整个体制走向的核心关怀，因此将之作为典型案例予以讨论。

根据上访人、接待人口述和相关文字材料，笔者得知：曹某，男，1953年生。在20世纪80年代“严打”期间，T区法院人手不够，为补充人力，面向社会借用人员。经T区人大常委会任命，曹某于1982年4月至1996年10月任T区法院陪审员，历时15年。在这段时间内，曹某从事的工作远远超过一个陪审员职务的范围，其承担的事务包括：在刑事、民事、经济审判庭陪审参审办案，在区法院、招待所、食堂、法院联运公司任职，包干区法院、庭、室卫生，送达开庭传票、判决书，收集检察院公诉词、律师辩护词，装订卷宗，配合审判人员外出调查取证，去看守所提审及做好开庭前的各项准备工作，填写各类传票、送达证、罪犯执行通知书以及刑庭信访接待等。作为全日制员工，他与法院工作人员同时考勤。按照曹某自己的话说，他属于T区法院非职业法官。现年65周岁的曹某，疾病缠身，妻子手术花去多年来的积蓄，家中没有收入来源，生存颇为困难。在他看来，15年的全勤工作没有功劳也有苦劳，目下他基本生活得不到保障，申请T区法院给予其年老生活补助。T区法院以无经济支出项目支付年老保障费为由对其诉求予以拒绝。为此，曹某四年来数次上访，上访地包括从中央、省到市、区的各级政府、人大常委会、政法委员会和法院，这些机构多以“谁雇佣、谁负责”为理由回访。根据这一理由，曹某将最终的上访地又锁定到T区法院，T区法院要求其出示证明材料，并试图以为其缴纳养老保险这一方案来解决曹某的问题。曹某辗转多处，找到其工作15年

① 参见冯仕政《国家政权建设与新中国信访制度的形成及演变》，《社会学研究》2012年第4期。

间历任的法院院长、刑庭庭长等领导签字证明其身份，但最终因其是农村户口无法办理城镇养老保险，这件事至今未果。现在，曹某几乎每周都会来T区法院信访接待室要个说法，笔者遇到曹某的那天恰逢分管副院长接待日，曹某强烈要求见副院长，但副院长始终没有出面。其在接待室待了近两个小时，悻悻而归，看其架势，这事得不到解决他是不会罢休的。

（二）曹某上访案分析

曹某上访案是典型的历史遗留问题，从外在环境看，法律、社会与政治秩序的时空交错给该案的解决带来困难，从个体因素看，曹某通过其话语策略为其挣得与法院进行博弈的资本。

首先来看外在制度环境。社会保障是宪法赋予公民的基本权利，养老保障是社会保障中最为重要的内容之一。计划经济体制下，城乡居民根据其所在集体的性质，由“单位”或“生产队”对职工及其家属或者农民提供养老保障在内的各种福利待遇。改革开放以来，无论是国有企业的改制还是人民公社的瓦解，一套新型的养老保障体系亟待建立。尽管城乡之间流动性增强，当下的养老保障体制仍然以户籍、单位性质作为区分标准，大致来说由如下三大部分组成：企业职工基本养老保险制度、城乡居民基本养老保险制度、机关事业单位养老保险制度。企业职工基本养老保险制度在最初作为解决国营企业劳动合同制职工退休养老的配套措施推出，随着基本经济形态的多样化，这一制度覆盖私营企业、外资企业等市场经济主体，养老保险的缴纳方式则经历了由政府、企业、个人三方共担的筹资方式[①]到由企业和个人共担的社会统筹与个人账户相结合的“统账结合”型筹资模式[②]。企业职工基本养老保险针对的主体是城镇中与企业之间存在劳动合同关系的人群，是国家强制的缴费，但其覆盖面非常小。2007年中共十七大将“加快建立覆盖城乡居民的社会保障体系，保障人民基本生活”作为“加快推进以改善民生为重点的社会建设”的重要部署，次年10月12日，中共十七大第三次全体会议审议通过了《中共中央关于推进农村改革发展若干重大问题的决定》，提出建立个人缴费、集体补助、政府补贴相结合的“新农保”制度，以提高农民参保的积极性。2009年9月1日，国务院以国发

① 《国务院关于企业职工养老保险制度改革的决定》，1991年。

② 《国务院关于深化企业职工养老保险制度改革的通知》，1995年。

〔2009〕发布《关于开展新型农村社会养老保险试点的指导意见》，正式启动新农保试点的工作。与农村养老保险的改革相呼应，2011年6月7日，国务院以国发〔2011〕18号印发《关于开展城镇居民社会养老保险试点的指导意见》，规定年满16周岁（不含在校学生）、不符合职工基本养老保险参保条件的城镇非从业居民，可以在户籍地自愿参加城镇居民养老保险。随后，按照十八大精神和十八届三中全会关于整合城乡居民基本养老保险制度的要求，结合《中华人民共和国保险法》的规定，2014年2月，国务院印发《关于建立统一的城乡居民基本养老保险制度的意见》，将“新农保”与“城居保”统一。机关事业单位养老保险制度的改革一直较为滞后且进展缓慢，1992年人事部发布的《关于机关、事业单位养老保险制度改革有关问题的通知》和2008年国务院通过的《事业单位工作人员养老保险制度改革试点方案》，都试图实现企业与机关事业单位之间的制度衔接，然而并没有实质进展。2015年2月，国务院印发《关于机关事业单位工作人员养老保险制度改革的决定》，明确机关和事业单位的同步改革，缴费、发放标准与企业职工养老保险一致。

通过上述对中国社会养老保险体系的大致描述，我们不难发现，改革开放的四十年里，中国社会养老保险制度的规定以国家政策为主导，并随着经济与社会的发展一直处在流变中。政策自身的变通性与流变性使得繁复的实践缺少统一的规定。按照2010年颁布的《中华人民共和国社会保险法》第十条，曹某在1996年离开法院后直到现在，属于灵活就业人员，又因其是农村户口，所以，曹某可以自行参保新型农村社会养老保险。曹某没有参保该险，而是要求确认其与T区法院之间的关系，并由T区法院对其养老提供保障。根据法律不溯及既往的适用原则，这种情形并没有法律依据：无论是曹某与T区法院关系的界定还是各自的权利义务，由于其在2007年《劳动合同法》、2010年《社会保险法》颁布之前就已主动离职，根据法不溯及既往的原则，新法的规定并不适用于曹某的情形。换句话说，曹某的诉求不具合法性。另一方面，曹某在法院全勤工作十五年，考虑到当时法院建制的不规范、法官的专业素养水平还较低，曹某与正式员工在劳动力质与量的付出上并没有天壤之别，将当年共事的正式员工在当下享受的养老待遇和一无所有的曹某相比，这种差距似乎有违基本的公平感。法院考虑到这点，并非无动于衷，但在现有的制度规定下，曹某的户籍又阻碍了法院为其办理城镇职工养老保险。曹某的诉求按照法律规定无法得到解决，同时对这类历史遗留问题，政策上又没有明确的规定，这使得法院一方无法给出令曹某满意的回复。

另一方面，尽管法院可以以无法律、政策依据为由对曹某的上访给予回绝，但事实上，法院的处境又极为被动，它只能与曹某进行斡旋，在双方僵持不下的局面中，这种斡旋、交涉本身就是一种通过消耗时间来搁置问题的策略。从曹某个人的话语、行为来看，对整个政治环境的熟知与把握使得他能够在与法院的沟通中获得一定的主动权。在曹某为自身诉求的辩护中，他重复最多的话便是他在法院工作的十五年是在为党办事，现在自己有困难了，最基本的生存保障都成问题，党要为民服务、为民办实事，给他一个交代。曹某反复说自己要求不高，只想体会中央政策的温暖。他将其与法院之间的劳动关系问题上升到群众与党之间的政治关系，这种话语的转变给了法院无形的压力，法院是无法对其进行驳斥的。再者，曹某甚至利用法院面临的政治压力对其进行“威胁”：曹某号称自己是来T区法院上访的群众中最具号召力和影响力的人，如果法院、院党委不解决他的问题，他会召集所有上访者聚集到法院，这不仅影响法院的形象，也会对社会稳定带来严重的隐患。更甚的是，曹某替法院想到解决其问题的办法，即要求法院用信访维稳专项救助资金来落实他的年老生活困难补助，他坚信即便法院这笔资金暂时空缺，只要其向政法委汇报反映，政府便会支持予以财政拨款，让其享受T区最低职工工资标准，按月或一次性发补助。

通过与曹某以及信访接待员的进一步沟通，笔者发现曹某并非没有经济来源，在法院离职后他靠在乡下做丧葬法事来谋生。不能说曹某的生活有多好，但是否向他所说的那样陷入生存困境还是值得怀疑的，其实就算遂了他的要求获得一次性补偿金，这笔钱也未见得能够给他当下的生活带来多大的变化。真正促使他多年上访的动因大致有二：一是随着社会劳动关系以及社会养老保险的完善，曹某未享受到制度规定带来的益处，这使得其心理产生不平衡；二是他颇具政治意识，深谙体制运作的规则，这些都助长了他的投机心理。曹某上访案的代表性在于，大部分信访上访案中申诉人的诉求都是没有法律依据的，他们常常是申诉人自己一厢情愿的要求，却使得法院陷入被动的境地，为此付出巨大的人力物力和时间成本。

在笔者看来，曹某上访案的意义在于凸显了法院多元目标的追求与司法资源有限的紧张，并且，随着经济社会的进一步发展，这种张力会越来越大：一方面，社会流动性的增强使得人们比较的对象不再局限于固定不变的地域和其所处的阶层之内，信息技术的发展使得社会日益扁平化，人与人之间的比较跨越了地域和阶层，在贫富差距加剧的情形下，这种比较会越发地激起人们对于实质平等的需求；另一方面，为民服务的政治正当性和社会主义的社会性质，要求国家必须切实满足人们随社会发展变化而不断涌现的诉求，它预设了一个全能且美好的国家形象，这意味着国家对社会事务事实上承担着无限责任。当经济社会越来越复杂，社会事务越来越多，事事包揽的国家可能会越来越疲于应对。不难想象的是，疲于应对的后果可能是漏洞百出，不仅事情没有解决好，反而引出更多的问题。就法院而言，司法是对受到损害的社会关系的修复，是对利益的再分配机制，它的结果更是直接牵动每一个具体个案的当事人。转型时期，法律的一般性规定无法将实践中纷繁复杂的情形一一纳入其规制范围，人们的预期也在发生着急剧的变动，这给法官办案带来了巨大的挑战。一旦当事人按照司法程序没有获得其预期的结果，其很有可能诉诸信访，法院便会面临其在曹某信访案中的处境，通过消耗资源来应付这些无从解决的问题。

二、民意与司法合法性对立的内卷化：以彭某案为例

司法如何对待民意是各国司法普遍面临的一个挑战：在审判中及时吸纳真实的民意有助于树立、巩固司法权威，提升民众对司法的信任；如果处理不当，则会带来诸多难以预计的负面影响。在中国司法的道法二元结构下，“民意”在政治话语中的重要地位与司法专业化的不足使得民意与司法的关系尤为错综复杂。通过对近些年来引发社会舆论的热点案件审判实践的总结，笔者根据如下标准对其进行分类：首先，从事实层面，即以民意是否实际改变了一审判决为标准，这些热点案件可以分为两类：一类是被改判案件，另一类是维持原判的案件，后者如夏俊峰案和贾敬龙案。其次，对于受社会舆论影响被改判的案件，根据法理层面法律适用的情况，可以进一步分为：第一类是一审法律适用正确，如许霆案；第二类是一审法律适用不当，如于欢案；第三类是一审判决无明显不当，如电梯劝烟猝死案。最后，对于改判的案件，从功能视角，可以粗略地分为两类：一类带来正面影响，一类带来负面影响。之所以说是粗略的分类，因为有些改判案件难以置评，如许霆案，支撑民意背后的“情理”究竟是具有道义性的正义感还是自身法律意识淡薄的修辞，仍是值得商榷的。如果是民众

的道义感，那么改判表明民意对司法审判起到衡平的修正作用，具有积极意义；若是法不责众的修辞，改判只是满足了司法社会治理的功能。

在分类的基础上对民意与司法关系的实践有一定的了解后，笔者在此提出的当下中国司法运行中的另一大困境，即民意与司法合法性对立的内卷化，便有了更为明确与具体的所指，而非笼统地针对所有受民意影响的审判实践：这里首先排除产生正向功能的民意影响，即民意对司法自身局限性进行修正的实践；其次排除真实的民意与合法审判确实存在剧烈冲突的案件，司法在社会效果与法律效果之间只能做非此即彼的选择，要么遵从民意牺牲法律合法性，要么遵守法律借此对大众进行法律规训。排除这两类后，剩下的一类便是法律效果和社会效果皆产生负面效应的审判实践，所谓的内卷化[①]是指在这类实践中，司法对民意的应急式回应模式陷入了资源内部消耗却无法外化为制度效益的困境：从法律效果看，这种应急式回应回避了法律思维，是对司法适用合法性和统一性的损害；从社会效果看，这类案件引发的社会舆论往往建立在信息不对称的基础上，换句话说，其所回应的是被误导的民意，长此以往，这会使民众纵容自身偏狭的意见，加剧其对法院的误解，不利于培养公民对法院这一专家系统的信任以及发挥法院对社会的引导作用，继而使司法公信力陷入塔西佗困境。这一困境以彭某案为典型，在随后的一系列相关事件报道中，媒体纷纷采取“XX 版彭某案”的报道模式，使该案造成的公众误解延续至今。不仅如此，该案对当事人造成的伤害以及其处理方式对司法运作带来的负面影响同样是不可估量的。下面，笔者借由对彭某案的个案分析，来进一步阐释民意与司法合法性对立的内卷化困境。

（一）彭某案事件中不同参与主体的行为分析

2006 年 11 月 20 日 9 时 30 分左右，64 岁的退休职工徐某某在南京水西门广场公交站等 83 路车。大约 9 点半左右，2 辆 83 路公交车进站，徐某某准备

① “内卷化”一词源于美国人类学家戈登威泽，由美国人类学家格尔茨用于对印度尼西亚的农业经济过程的分析，表明“一个系统在外部扩张受到约束的条件下内部的精细化发展过程”；这一词因黄宗智教授的著作《华北的小农经济与社会变迁》而受到中国学者关注，并被运用于各个领域的研究。中国学者运用“内卷化”一词时，多指某个领域“没有增长的发展”这一现象，与格尔茨对“内卷化”的解读已经有所不同。本文用“内卷化”来概括中国法治建设的实践，是想凸显法律规范不断增加，法治建设中的诸多结构性问题却仍未得到解决的现状。对“内卷化”概念的具体阐释，可参见刘世定、邱泽奇《“内卷化”概念辨析》，《社会学研究》2004 年第 5 期。

乘坐后面的83路公交车，在行至前一辆公交车后门时摔倒，导致左股骨颈骨折，住院手术治疗。26岁的彭某在前一辆83路后门打开时第一个下车，他将徐某某扶起来，等到徐的亲属赶来后一起将徐送到医院，并垫付200元医疗费。徐某某认为是彭某将她撞到，故彭某要对其手术治疗的相关费用承担赔偿责任。事故发生次日，南京市公安局公共交通治安分局城中派出所接到报警后，依法对该起事故进行了处理并制作了讯问笔录，但并未达成一致的解决方案。随后，徐某某于2007年1月4日将彭某诉至鼓楼区人民法院，以彭某将其撞倒在地致其受伤为由，索赔13.6万余元。该案前两次庭审并没有引发关注，在2007年7月第三次开庭前几天彭某根据“西祠胡同·南京零距离版”上留下的电话号码找到版主周某某，讲述了自己好心没好报的故事。新闻科班背景的周某某听后认为这是一个能引发公众共鸣的好选题，于是用短信形式给南京10多家平面媒体和几家电视台的相关记者、编导群发了信息。因此，彭某案从一审第三次开庭始，经由媒体介入而走进公众视野。2007年9月3日，鼓楼区法院做出一审判决。随着一审判决书在网上被公开，彭某上诉，案件进入二审，网上舆论愈演愈烈。然而，当二审以和解撤诉结案后，双方当事人及法院都不再对公众谈论此案。由此，这一演变为公共事件的个案在公众视野中成为一桩“悬案”。时隔六年，彭某承认自己撞了徐某某的事实被披露，尽管再一次引发舆论探讨，却难改社会公众已经形成的刻板认识。这一后果是诸多合力的产物，笔者以后来者的视角拟对不同主体的行为进行分析，在此基础上，从更为宏观的层面谈论该事件的负面效应。

1. 主审法官的审判思路

在该案处在舆论的风口浪尖时，有学者从法律事实认定与推理的层面对一审判决书进行抽丝剥茧般的分析，并对其中涉及的经验法则的合情理性进行批判；① 亦有学者回应该案引发的“好人没好报”的伦理谴责，以彭某案为例论述中国法治建设中法理与情理关的矛盾，指出一审的主审法官对情理的扭曲和违背。② 这些讨论都十分有意义，但如果不回到案件的具体情境中，从民法证据判

---

① 代表性的论文有：张继成《小案件　大影响——对南京“彭宇案”一审判决的法逻辑分析》，《中国政法大学学报》2008年第2期；杨晓玲《经度与纬度之争：法官运用“经验法则”推定事实——以“彭宇案”为逻辑分析起点》，《中外法学》2009年第6期。

② 凌斌：《法律与情理：法治进程的情法矛盾与伦理选择》，《中外法学》2012年第1期。

断规则的法律适用角度结合整个判决书来评议，则对主审法官的批判便会失之公允，显得过于苛刻。

回到案情本身，该案最为核心的争议点在于原被告是否相撞。根据一审法院的判决书，主审法官的论据主要有：城中派出所提交的对原告的询问笔录、对被告讯问笔录的电子文档及其誊写材料；庭审过程中传讯交警和原告儿子的质证；当事人的陈述等。交警笔录通常来说是对案发现场的记录，受到的干扰因素最小，最接近客观真实，是法官进行法律事实认定的重要证据。在彭某案中，根据交警提交的讯问笔录的电子文档，彭某并没有否认与徐某某发生相撞，只不过彭某认为他是被撞者。尽管这份电子文档不是笔录原件，但在当下的司法环境中对于法官认定案件事实具有决定性的作用：一方面交警对该电子文档进行了确认；另一方面，“谁举证，谁证明”是民事诉讼法的基本原则，但我国并没有明确“谁主张，谁举证”的证据规则。实践中民事诉讼案件当事人的诉讼能力还很弱，律师的水平也相当有限，若基于纯粹的辩论主义得出的事实进行裁判，会产生很多冤假错案。更普遍的事实是，基层法官不敢直接适用这一原则，其确立的标准是尽可能通过纠问式的庭审方式调查客观事实，如果调查不到位案件就可能被发回或改判。换句话说，按照中国基层法院法官审理民事案件的考量，这份讯问笔录的电子文档对于法官的内心确认具有根本性的作用。其次，结合三次庭审中双方当事人的陈述、证人证言，以及判决书中部分基于情理的推论，如彭某在庭审前及第一次庭审中均未提及其是见义勇为的情节，而是在二次庭审时方才陈述等，这些信息综合起来足以构成优势证据。基于此，认定彭某与徐某某相撞并无不妥。从客观事实层面看，多年后彭某承认了其当年的碰撞行为。

当然，为学者、大众诟病的事实推定，例如“如果被告是见义勇为做好事，更符合实际的做法应是抓住撞倒原告的人，而不仅仅是好心相扶”，“根据日常生活经验，原、被告素不认识，一般不会贸然借款，即便如被告所称为借款，在有承担事故责任之虞时，也应请公交站台上无利害关系的其他人证明，或者向原告亲属说明情况后索取借条（或说明）等书面材料”等，确实与大众的日常生活经验相背离，但这背后并不仅仅是法官判案水平低、不懂逻辑等就能完全概括的。我国民事诉讼证明标准采用高度盖然性标准，并不承认法官的自由心证，也不适用优势证据规则。在这种情况下，主审法官若形成内心确信，其在说理时会面对证据不充分的困境，运用所谓的“经验法则”说理是法官试图解决这一困境的权宜之策，显得有些画蛇添足。[①] 再者，在形成内心确信的条件下，法官不可能脱离具体的审判情境和各方面的综合信息来推定事实，换句话说，这一内心确信已经排除了纯粹逻辑分析下绝大多数的可能性。

综合上述，如果结合当下中国基层司法的审判环境和基层法院法官审判的实践来看彭某案一审主审法官的审判思路，整体看来，其审判结论并无不妥，“仅从法律技术上来看，彭某案法官在公开心证、裁判说理、适用法律的要件论证等方面，都堪称优秀”[②]。主审法官在事实推定中的部分论据有违社会情理，但不应对其进行过度阐释。

2. 媒体的报道

新闻媒体在彭某案事件的发酵过程中扮演了关键性的角色。该案进入公众视野源于南京某网站一篇标题为“司法不公、好人不得做”的报道，在引起网民广泛关注后，全国各大媒体纷纷追踪报道。一审判决出来后，媒体报道、评论铺天盖地袭来，与民众的热议共同将彭宇案推向舆论高峰。

与司法审判活动相比，新闻媒体对彭某案及其一审判决书的报道和解读通过筛选不同的要素而经历了语境的转换和重塑，这里有几重含义：一是媒体报道失实，例如被大量转载、传播、讨论的“不是你撞的，你为什么扶”这句话，据传是主审法官所说，但却没有事实依据；二是媒体报道流于片面，笔者在上文已述，法官依据社会经验所做的事实推定在其整个审判思路和决定的做出中并不起决定性的作用，但媒体重心一致直指法官常识推理的缺陷；三是媒体报道具有严重的倾向性，颇具道德审判意味，例如，将彭宇塑造为“好人”的形象，徐寿兰为“讹人”的形象，一审判决“让中国道德水平倒退五百年”。

新闻事实不同于法律事实，前者在对“事实”客观性的要求上低于后者，但这并不表明报道者可以断章取义、歪曲事实。媒体对司法的介入一方面可以监督司法过程，另一方面也可能造成对司法过程的“绑架”。具体到彭某案的报道和解读，媒体显然远远偏离了事实真相，其非但没有引导公众追问事实真相，反而先入为主地编造事实，形成事实上的“媒体审判”。当多年后彭某承认其当年的撞人行为，媒体依然将全国各地上演的“老人摔倒”的民事纠纷贴上彭某案的标签，使得人们原先错误的认识得以进一步固化。

① 参见傅郁林《当信仰危机遭遇和谐司法——由彭宇案现象透视司法与传媒关系》，《法律适用》2012 年第 12 期。

② 傅郁林：《当信仰危机遭遇和谐司法——由彭宇案现象透视司法与传媒关系》，《法律适用》2012 年第 12 期。

3. 大众的民意表达

媒体一方面是新闻事实的传播者，另一方面也是民意的载体。然而，当媒体首先对大众接受的信息及探讨的议题进行了设定后，民众基于先入为主的认识而产生的民意表达容易受到媒体的控制。新媒体技术的发展对民众的日常生活方式和思维方式影响更加深远。在这种情况下，所谓的民意常常是一种被制造的民意。

彭某案在媒体的重塑下成为一个好人没有好报的例子，这正契合了中国转型时期社会失范问题严重、德福不一的社会背景。从媒体角度出发，这样的议题切中百姓的关切，其引起的巨大社会效应从其自身利益来看恰表明了媒体的成功。从大众视角出发，一来多数普通百姓并不具备深度思考的能力，不会主动辨别也没有能力辨别媒体传播信息的真假；二来他们易于相信“好人没好报”是事实真相，不仅是理性能力的薄弱，更是折射出了大众内心深处的焦虑、社会信任缺失产生的不安以及对司法公正的期冀和敏感，对彭某案的大肆议论恰是其抒发心中抽象愤怒的途径①。

这时，大众的民意在不同维度所具有的内涵和效果是不同的：从感性层面看，民众在彭某案中表达的伦理谴责背后的情感是真实的，表明公众对德福一致的心理诉求，这是推动制度变革的动力之一；从理性层面看，就彭某案这一具体的个案而言，民众的批判与斥责缺乏充分的事实依据，并置该案中的原告方和主审法官于不义。再者，大众在彭某案中的民意宣泄使焦虑和不安蔓延到各处，进一步强化了集体记忆中对于人际关系和司法系统的不信任感，加剧社会恐慌。这意味着，在重塑社会信任的机制建立之前，若类似的事情再发生，人们的不信任感累积到一定程度时，随时可能因轻微的污点而彻底崩塌，使得社会陷入人人自危的无序状态。

4. 上级领导的决策

彭某案一审判决出来后，由媒体和社会舆论掀起的道德审判将司法为民这一政治语境下的道义诉求抛向司法系统，这一外在的压力触发司法的道法二元结构，道义性的压力转化为司法系统中领导层的政绩考核压力，这时，领导的个人主观倾向决定了案件的最终走向。与夏俊峰案、贾敬龙案中最高院顶住压

① 对“抽象愤怒”的进一步阐释，参见于建嵘《有一种“抽象愤怒”》，《南风窗》2009 年第 18 期。

力、维持原判的做法不同，在彭某案中，二审法院通过和解撤诉的方式终结该案，回避了可能的风险。同时，在对待一审判决的态度上，社会的反应传递到上层，使得相关领导产生一审主审法官法律水平非常低的认识，鼓楼区法院在上级的压力下对一审主审法官做出撤职处分，作为向公众的交待。客观上说，该法官承担了该案由社会舆论引起、由政治压力传导的“错案”的法律后果。

（二）彭某案事件的负面效应

1. 对司法法律性的破坏

在彭某案中，无论是对一审法官的处分还是二审的审结方式，都给司法系统（这里指法院系统）的运作带来负面影响，这一影响包括法官依法审判的微观实践和司法系统的宏观环境两个方面：

首先，从法官依法行使审判权的微观实践出发，如果“依法”审判将面临撤职的风险，那么，趋利避害的本能会促使法官在今后面对可能产生重大社会效果或者类似彭某案这类证据没有达到高度盖然性的难办案件时，采取各种方式规避风险，例如请示上级或者交由审判委员会来处理，这与法官独立行使审判权的职责要求相悖，从近处看复杂案件增多、疑难案件会久拖不决，从长远来看并不利于法官主体性的培育。十八大以来新一轮的司法改革将司法责任制作为改革的核心，以期做到让审理者裁判、让裁判者负责。对于法官来说，只有给与其尊重、信任和职业保障，才能让法官毫无顾忌地调动自身的能动性，充分发挥职业技能。在政治压力迫使下的保守倾向以及职责不对等的追责方式，都是对“独立—专业—责任”这一司法公正要素体系内在逻辑的扭曲。①再者，法官的保守倾向还体现在裁判文书的说理方面。2014 年 1 月 1 日，《最高人民法院关于人民法院在互联网公布裁判文书的规定》正式实施，为避免裁判文书网上公开后可能面临的指责和难以预计的后果，法官会不敢说理，减少说理。裁判文书说理对于法院系统内部来说，“一方面有助于上级法院进行上诉审查，提高审判工作效率；另一方面也有助于维护法律共同体开展判例研究，维护法律适用的一致性”②。对于司法权威还比较低的国家来说，裁判文书的充分说理有助于司法公信力的提升。因此，无论是司法效率的提高、法官职业素养的提

① 参见秦小建《审判责任制的宪法基础与改革逻辑》，《武汉大学学报（哲学社会科学版）》2018 年第 5 期。
② 胡云腾：《论裁判文书的说理》，《法律适用》2009 年第 3 期。

升还是树立司法权威等各方面，法官畏惧说理的影响都是相当恶劣的。

其次，从司法系统的宏观环境来看，彭某案的审结方式是对原本就无比脆弱的司法公信力的又一次重创。信任的对立面是怀疑，社会舆论一方面直指法官事实推定的荒谬，但另一方面公众对彭某与徐某某是否相撞始终处在猜测中。正是这种半猜半信的状态，才使得失实的报道有机可乘，助长谣言的泛滥。彭某上诉后，南京市中院于 2007 年 10 月进行的调查中在市公安局指挥中心找到了事发当日双方分别报警时的两份接处警登记表，在“报警内容”一栏，均记录了两人相撞的情况。① 若二审对一审中的判决理由给以澄清和修正，及时还大众一个真相，那么，即便事实认定和赔偿结果不变，其产生的社会效果也会迥异：一方面通过真相的公布，可以及时制止虚假谣言的扩散，降低危害性，例如可以减少对双方当事人和一审法官私下的干扰和公开的不当的谴责；另一方面，通过上诉这一司法系统内部的机制对案件进行纠偏，一来坚守“依法”的审判底线，给法官群体以明确的心理预期，建构一个稳定的内部运作环境，二来有助于提升司法的地位，“和稀泥”的态度只会让法院在以后面临相似的外部压力时渐渐失去自身的底气，每一次高压下有力且明确的回应都是重塑自身形象的契机。

2. 对社会主流道德的错误引导

司法一直被视为守护社会公平正义的最后一道防线，它承载了人们对于整个社会道义底线的想象。转型社会道义沦丧、价值观混乱的背景下，人们对司法案件的高度关注恰折射出公众对司法道德修复的期待。事实上，如果将改变社会失范困境的希望全部寄托在司法上，那只会给司法带来不能承受之重。然而，这并不意味着司法在这方面是无能为力的，在个案中，司法可以通过奖善惩恶的方式对社会主流道德进行正面的指引。

以彭某案为代表的一系列“老人撞倒”案件揭示了公众在“扶不扶”问题上的犹疑：一方面，见义勇为、助人为乐是人性出自善意的本能，亦是维系社会良好秩序的重要因素；另一方面，当为善的代价是损己时，人们不仅会望而却步，甚至会从信仰深处质疑行善这件事。时隔多年，仍然有不少人相信彭宇是因帮扶老人这一善举而被判赔偿的，这样一种已被固化了的误解只会给人们

① 刘志伟：《不应被误读的“彭宇案”》，http://news.sohu.com/20120116/n332295517.shtml.

的行为带来错误的指引。事实上，从法律层面来看，“扶不扶”不应该成为人们的困扰，民事诉讼法明确规定：“当事人对自己提出的主张，有责任提供证据。”最高人民法院《关于民事诉讼证据的若干规定》规定：“当事人对自己提出的诉讼请求所依据的事实提供证据加以证明。没有证据或者证据不足以证明当事人的事实主张的，由负有举证责任的当事人承担不利后果。”可见，如果被扶者不能证明扶人者将其推倒，扶人者无须承担任何责任。2017 年 3 月 15 日第十二届全国人民代表大会第五次会议通过的《中华人民共和国民法总则》第 184 条规定：因自愿实施紧急救助行为造成受助人损害的，救助人不承担民事责任。换句话说，在相关法律法规日趋完善的情况下，法院只要“依法”审判就可以发挥法律对社会主流价值的指引作用。

与彭某案二审和解撤诉的做法形成鲜明对比的是 2017 年河南郑州电梯劝烟猝死案，在该案中，一审法院虽然是在认定劝烟者杨先生没有过错的前提下判其承担 1.5 万元补偿款，但在该案发酵成公共事件后，一审法官对侵权责任法第 24 条公平责任条款的适用已有滥用之嫌。从社会舆论来看，在公共场所吸烟这件事已经引起了公众的反感，在大多数人凭一己私力无法改变吸烟者的行为，甚至很多人敢怒不敢言时，法院在法律适用上判决劝烟者承担公平责任会挫伤公民在相似情形下维护社会公共利益的积极性。基于此，二审法院撤销一审民事判决，并驳回猝死者家属的上诉请求。这一改判树立了良好的导向，即用明确的态度支持公开场合劝烟的行为，是对社会公德的正向引导。

三、司法动员的国家意志与功能实现的矛盾：以大调解为例

司法人民性在价值层面的道义性质决定了其“出场”时自上而下的动员特点，与中华人民共和国成立初三十年服务于积极改造社会（及教育人民）的目的相比，改革开放四十年来经济社会的重建使司法动员以被动回应社会的失序而开启，同时，被动回应却是以积极贯彻中央在不同历史阶段的主要目标为实现方式。详言之，积极主动或消极被动的对象不同：从司法与中央决策的关系看，司法基于人民民主的国体和人民代表大会的政体构造要积极贯彻落实上级决策；从其需要落实的内容或达成的目标看，国家会根据其对社会需要的理解和愿望制定政策、设计制度，由于社会的发展使“社会”渐渐形成其自身的相

对独立性，中央的决策即便延续了一以贯之的宏大与美好，却愈加受制于社会的需要变得更加务实，正是这种务实性使得国家决策的内容在回应社会问题这个层面显得“被动”。因此，司法动员同时具有国家意志的建构性与回应社会问题的被动性两大特征，这尤以历次司法改革运动为典型。从司法动员这一中国司法实践的重要构成来看，司法动员的国家意志与功能实现之间的矛盾是当下中国司法运行的又一大困境。所谓司法动员的国家意志与功能实现之间的矛盾是指，为贯彻国家意志而推动的司法动员在实践中总是无法实现彻底实现预期的功能，甚至非但不能实现，还会产生意料之外的后果，即发生一定程度上的异化。在这里，笔者以大调解机制为例，对这一对矛盾加以阐述。

（一）大调解机制的产生与性质

十一届三中全会以来的经济体制改革一方面促进了经济的发展，提高了人们的物质生活水平；另一方面，经济发展带来了诸多问题：一来由于发展的不平衡，个体之间、群体之间和地域之间在观念上的、利益上的冲突异常尖锐，社会秩序问题凸显；二来“任何经济体想要进入更高人均 GDP 水平时，尤其是经历工业化和信息化革命的时候，都会经历复杂性的指数提升”[①]，这意味着社会纠纷的复杂性也在不断增加。在这一背景下，针对社会纠纷数量和难度的剧增以及执行难等社会现象，以 2002 年 9 月最高人民法院和司法部联合召开人民调解工作会议为拐点，司法政策开始弱审判、重调解：一方面，体现司法群众路线的人民调解制度在十几年的虚置后再次得到重视；另一方面，健全社会纠纷解决机制作为社会管理创新的议题被提上议事日程。在政绩竞争的晋升激励机制下，中央指示一旦下达，地方便开始探索创新的实践。在各地有关调解的制度探索和实践中，江苏南通的大调解机制因其覆盖面之广、贯彻力度之大及效果之显著而在众多实践中脱颖而出，受到上级重视。2004 年 6 月，江苏省委办公厅、省政府办公厅转发《省政法委关于进一步加强社会矛盾纠纷调解工作的意见》，决定在全省建立“大调解机制”。2005 年 10 月，中共中央办公厅转发《中央政法委员会、中央社会治安综合治理委员会关于深入开展平安建设的

① Arie Y. Lewin, Martin Kenney, Johann Peter Murmann： China’s Innovation Challenges--Overcoming the Middle-Income Trap, Cambridge University Press, 2016, 转引自郝景芳《不安全的世界里，我们何去何从》，http://m.sohu.com/a/244753235_655166.

意见》，要求各地“进一步健全矛盾纠纷排查调处工作机制、工作制度和工作网络，强化社会联动调处，将人民调解、行政调解、司法调解有机结合起来，把各类矛盾纠纷解决在当地、解决在基层、解决在萌芽状态”，作为地方经验的大调解机制在中央的肯定下得以进一步推广。随着十六届六中全会将构建社会主义和谐社会作为党和国家在新阶段的重要目标，大调解机制的意义在这一目标下得以深化。2010 年 4 月，中央综治办下发了《关于切实做好矛盾纠纷大排查大调解工作的意见》，要求用调解方式调处化解各类矛盾纠纷。至此，“大调解”正式成为全国性政策，全国各地纷纷效仿之。

那么，何为大调解机制呢？可将其置于与既存调解制度的比较中加以明确。从制度规定上看，我国的调解制度以主体为标准可以分为：人民调解、行政调解和司法调解。根据 2010 年 8 月 28 日颁布的《中华人民共和国人民调解法》第 2 条，人民调解是指人民调解委员会通过说服、疏导等方法，促使当事人在平等协商基础上自愿达成调解协议，解决民间纠纷的活动。人民调解从自身性质上来看是一种基层群众自治性活动，其初创于革命根据地时期，在中华人民共和国成立初三十年得以制度化，改革开放以来被重建，并在《人民调解法》实施后进入多元发展期。① 人民调解的实施主体是人民调解委员会，设在村委会、居委会，必要时企事业单位也可设立。人民调解委员会在基层政府和基层法院的指导下对一般的民事纠纷和轻微的刑事案件进行调解。行政调解是指“国家行政机关成立的行政调解组织通过说服、疏导等方法，促使当事人在平等协商基础上自愿达成调解协议，解决民间纠纷的活动”②。我国并没有关于行政调解的统一制度规定，在实践中，行政调解涉及如下几个方面：一是行政机关在专门性争议解决机制中（包括行政裁决和行政复议）对当事人的行政和民事争议所进行的调解；二是基层政府派出机构（如派出所、工商局、城管、劳动监察等）在日常行政执法和管理活动中对当事人之间的民间纠纷进行的调解；三是行政机关通过信访、行政投诉等机制协调处理各类争议的活动；四是在政府的组织或主持下，以（乡镇街道或区县一级）人民调解、消费者协会、行业协会等形式运作的准行政调解。③ 司法调解是指“在法官主持下，双方当事人

---

① 参见范愉、李泽《人民调解的中国道路——范愉教授学术访谈》，《上海政法学院学报》2018 年第 4 期。

② 刘旺洪：《论行政调解的法制建构》，《学海》2011 年第 2 期。

③ 参见范愉《行政调解问题刍议》，《广东社会科学》2008 年第 6 期。

通过自愿协商，达成协议，经法院认可后，解决民事争议的活动和终结司法程序”①。人民调解和行政调解属于非诉调解，调解协议具有合同的性质；司法调解属于诉讼调解，调解协议书可以申请强制执行。

在这三大调解制度各自分工运作的前提下，大调解机制在此基础上得以形成。各地的大调解模式有诸多差异，但总体来看，有如下三大共性：第一，党政驱动。党政驱动的意思是由党委和政府共同推进、统筹协调，将大调解上升到政治任务，对其给予足够的重视。具体来说，这种“重视”体现在人、财、事三个方面：从人员调配方面来看，无论是既存的法院还是为大调解专门新建的多部门协作的平台调处中心，都需要保障充足的人力。以南通市为例，全市构建了市大调解指导委、县调处中心、乡调处中心、村（社区）调处站、十户调解小组和基层调解信息员的大调解工作六级网络。9个县（市、区）调处中心全部按正科级事业单位设置，各县（市、区）核定专项编制8～10名，最多县的达到26名，最少的也在7名以上。②调处中心的人力由政法系统统一管理。从财力上看，不考虑新建的调处中心在硬件设施上所需的开支，仅人头经费这一项来说，在南通市，其按照其他部门的2倍标准核拨，相较来说需要更大力度的财政支持。从解决纠纷这件事来看，调解率作为绩效考核指标，与地方政府维稳的“零指标”和“一票否决”一同凸显了大调解的重要性。第二，整合联动。这是就运作模式而言，大调解模糊了三种调解的边界，最大限度调动资源，形成三种调解之间的联动。具体来说，有两个方面：一是延伸调解工作领域；二是促进三种调解之间的衔接。就第一个方面而言，可以进一步从两个视角来看：一是调解主体的多元化，例如，人民调解的形式已经不再局限于《人民调解法》中规定的村居委员会或企业中设立的调委会，还包括更多其他的民间调解，例如业主委员会、物业公司、农村经济合作社、社区工作者或者志愿者等组织的调解以及依托行业组织和针对特定类型纠纷设立的专业性调解③；更为普遍的情形是针对特定的纠纷类型建立多方参与、专业调解的调处中心模式，例如为整合医患纠纷，整合司法、卫生、公安、法院以及医院和保险等部

① 李昌道：《司法调解与和谐社会》，《复旦学报（社会科学版）》2007年第2期。

② 参见《“一综多专”大调解机制》，http://expo.people.com.cn/n1/2016/0728/c403808-28591940.html. 下文有关南通市大调解机制的实证素材也源自该篇。

③ 参见范愉、李泽《人民调解的中国道路——范愉教授学术访谈》，《上海政法学院学报》2018年第4期。

门的专业资源的医患纠纷调处中心等。二是调解领域覆盖面更广，除了传统的纠纷类型，大调解广泛运用到征地拆迁、劳资矛盾、环保问题等新型社会矛盾纠纷的解决中。就第二个方面而言，各种对接衔接机制建立起来。同样以南通市为例，从 2005 年起，市综治委、市大调解指导委先后下发了关于实施“公调对接”“检调对接”“诉调对接”等一系列规范性指导性文件，并通过召开现场会等形式，选树典型、提炼经验、固定做法，着力推进公调对接、检调对接、诉调对接等对接工作机制。以和法院有关的诉调对接为例，各基层法院成立专门的诉前调处中心或调解窗口，从法院和调处中心抽调精干力量专职专事，调处中心一名中层干部任副主任，实行分流和调处相结合。在当事人向法院提起诉讼的民商事案件中，凡案情简单、事实清楚、法律关系明确的，在征得当事人同意的前提下，首先流转至诉前调处中心进行调解并在 7 日内完成调解，出具调解协议书；如未达成协议需进入司法程序，立案后，由中心速裁庭进行诉讼调解，调解不成则及时做出判决，实现人民调解与诉讼调解的“无缝对接”。除此之外，南通市根据矛盾纠纷化解的实际需要，建立了“网调”“访调”“援调”“纪调”等对接机制，针对网络矛盾纠纷、信访案件、法律援助案件等在各个调解中心之间建立起高效的流转、沟通机制。第三，注重实效。这一点是就大调解机制设立的目的而言，大调解以“基层为主、调解为主”的倾向，意在“把各类矛盾纠纷解决在当地、解决在基层、解决在萌芽状态”，具有事前预防和事后解纷的双重性质。尤其是一些较为简单的纠纷，通过大调解的排查系统对萌芽状态下的矛盾冲突进行及时的控制和疏导，能够有效地防止矛盾进一步激化，大事化小、小事化无，一定程度上起到了纠纷分流的作用，缓解了法院的压力，维系了社会的稳定。

综观大调解机制产生的背景、建立的目的及其特点，“大调解并非是社会自治管理秩序下的纠纷解决方式，也不是一种于常态社会纠纷自我化解的方法，它更像是一种社会治安模式，承载着社会管理甚至是社会控制的功能”[①]。大调解机制建立了一张自上而下、层层渗透延伸至基层各个角落的结构紧密的纠纷调处网络，这一目的导向与组织相结合的一体化整合模式正是列宁式政党自身组织特性及其执政方式的一个缩影，具有强烈的动员性。

---

① 王福华：《大调解视野中的审判》，《华东政法大学学报》2012 年第 4 期。

（二）大调解机制的异化

对于法院系统来说，大调解机制建立前后发生的改变在于：一是法院将司法调解置于至高地位，实践中掀起一股“调解热”；二是法院频繁介入其他类型的纠纷解决途径中，对调处中心的纠纷给予司法指导。就实践效果而言，要准确评估法院系统在政治力量的推动下多大程度上实现了大调解机制建立的初衷并不具可操作性。只能说一定程度上，短时间内效果较为显著，不少纠纷在冲突萌芽时得以遏制，避免事态的进一步恶化。然而，长远看来，这一机制的弊端也许超过了益处，实践中产生了不少问题，客观上阻碍了目标的实现。具体来说，与法院运作相关的问题体现在如下几个方面：

首先是调而不解的困境。这个问题可以从法院（法官）和当事人各自的行为来加以论述。从法院方面来看，司法调解是双方当事人在中立第三方法官的介入下通过自愿协商的方式达成各自都能接受的解决方案，这种解决方式以自愿和妥协为必要因素。然而，当其被作为政治任务、经由司法动员的方式展开时，上级考核和绩效竞争的压力会诱发法官的机会主义行为，其自利的目标会不断消解司法调解的初衷，使得司法调解沦为有名无实的空壳。对于法官来说，调解结案不仅有调解率指标考核的正向激励，还可以规避审判结案可能带来的发改率风险，这双重考虑都激发其促成案件的成功调解。在实践中，这一法院系统的目标置换体现为对于调解率的单一追求，百分之百的调解率和零判决率就是这一情形的极端例子。指标追求的盲目性和赶超性，使得“为调解而调解”的司法调解逐渐偏离调解的基本属性和目标，对于当事人来说有了强加的意味。这时，即便当事人签订了调解协议，也只是暂时搁置了争议，并未彻底解决问题。这一困境同样适用于人民调解和行政调解，事实上，“据一线从事调解工作的人士透露，大量的案件仍然涌向法院和信访部门，真正通过调解解决的纠纷并不多。一些地方基层调解组织为了应付检查而虚报解纷数量，领导者为了维持政绩睁一眼闭一眼”①。从当事人的角度来看，过度强调调解有可能会适得其反。国家开展大调解的目标之一是将矛盾化解在基层，不仅如此，其对调解的推崇还暗含了对这一解纷方式的肯定。然而，调解的核心构成之一“妥协”在客观上是以一方利益的减损为代价的，对于当事人来说，“减损”过度就会超越

---

① 吴英姿：《“大调解”的功能及限度——纠纷解决的制度供给与社会自治》，《中外法学》2008 年第 2 期。

其“自愿”的接受度，更何况“妥协”从来就不在部分当事人的选择项中。有研究者观察到，广东于 2010 年建立了覆盖面非常广的大调解网络，但是，2011 年和 2012 年两年内连续爆发多起大规模工人维权的群体性事件，显然，大调解机制并没有发挥其稳定社会秩序的功能。据进一步的实证分析，研究者认为，大调解机制“去司法化”的性质与工人“准司法化”的维权观存在张力，调解的维权经历反而降低了工人对调解这一方式公正性的认知，这促使维权者对制度内维权渠道的信任度降低，继而选择制度外的方式。① 再者，对于力量悬殊的官民纠纷来说，法院在当前的地方政治格局中很难做到真正的中立，这并不利于调解的自愿性与相对公正性。②

其次是司法动员的力度与可持续性困境。这一点某种程度上来说可以视为“调而不解”的必然趋势，但仍有两点需要强调：首先，司法动员的推动力根源于人民民主的正当性基础，在人民民主的政权构造下，执政党在不同历史阶段确立的目标所具有的道义性因其内在的超越性质成为动员力的元点。这一目标随后转化为国家意志，通过自上而下的层层传递予以贯彻落实。保障这一国家意志顺利传递的基础是党员干部在国家机构中的领导地位以及党员对组织的高度忠诚。这在执政党还是革命政党的时期体现得尤为明显。随着国家政权由巩固阶段转向建设阶段，越来越多具有专业技能的人员成为国家公务人员，这时，国家意志的落实不再仅仅依靠部分党员的忠诚，而是主要通过法律确立不同岗位的职责来实现。司法动员之下，司法调解的运作脱离了常态的法律运行，转为服从政治的逻辑。然而，整个组织的忠诚度已经无法与革命时期相比，不能将大调解的顺利贯彻完全寄期望于法官的政治忠诚，更何况许多法官并不是党员，组织目标置换的现象便是最好的说明。正是基于这一考虑，替代方式便是将调解这一政治任务转化为绩效考评的重要指标作为激励，但这一途径又为异化为法官对指标的盲目追求，形成上文提及的“调而不解”的局面，最终架空调解应有的功效。由此一来，司法的动员力度由强转弱，甚至构成一股反力，不仅没有维系社会秩序的稳定，反而产生“挤出效应”，将维权者挤出制度内

① 参见庄文嘉、岳经纶《从法庭走向街头——“大调解”何以将工人维权行动挤出制度化渠道》，《中山大学学报（社会科学版）》2014 年第 1 期。

② 司法调解如此，直接以政府为核心推动力的大调解在这一方面的问题更为突出，参见艾佳慧《“大调解”的运作模式与适用边界》，《法商研究》2011 年第 1 期。

的救济渠道。苏力指出大调解机制下一边倒的危害，认为即便在大调解机制的形势下也要平衡好调解与审判的关系，以“能调则调，能判则判”为原则，不要意识形态化地强调调解的优先性。[①]然而，在一体化整合模式之下，这种理性的认知很难转化为具有可操作性的实践，司法动员的强力必然要将某一个或多个指标加以强调，这与“平衡”的逻辑之间具有根本性的冲突。其次，司法动员的可持续性高度依赖财政在人力和物力方面的保障，由于司法动员本身打破了常规化的国家运行，其所需的财政支持并不在同级政府预算范围内：一来为调动执行者的积极性，其所需的财政支出力度要高于平常；二来若不将其列入预算开支，则其所需开支随时可能因为长效保障机制的缺乏而中断，影响到调解的实施。各地大调解机制纷纷建立后，已有不少地方政府将大调解工作经费、调解员工作补贴、司法救助金等纳入同级财政。然而，受制于地方经济发展的水平，对于财政困难的地区，这一部分支出并没有得到保障。

最后是合法性困境。无论是从调解的性质还是实践中“调而不解”的现象上来看，调解与依法审判之间都存在着根本性的冲突。只不过，当这一解纷途径从实质上解决了问题时，其与法律之间的张力并不会成为一个问题。反之，就会凸显该问题，例如上文在“调而不解”困境中提及的“挤出效应”。除了过度调解及其产生的异化这一情形外，法院对其他调解主体进行积极的业务指导也会带来一定的问题。笔者在对T区法院某派出法庭的调研过程中，就有法官指出，法官的业务指导是一种未经审理的事前干预，一旦人民调解或者行政调解失败并提交法院解决，一方或双方当事人会将之前调解过程中调解员的说辞视作权威，拿来与法官较真，给法官解决纠纷带来不必要的麻烦。一来法官在案件提交法院审理前与当事人过多接触有违司法消极中立的性质；二来不同解纷场域中的体验以及结果的差异会在无形中影响当事人的认知，法律标准通常比调解依据的标准要严格，对于许多不懂法的当事人来说，他们会将最利于自己的结果视为是公平的，相反将依法审判的结果误解为“司法不公”。

---

① 参见苏力《关于能动司法与大调解》，《中国法学》2010年第1期。

第三节　小结

迈克尔·曼将国家能力分为专断权力和基础权力，专断权力指“（国家）精英不与民间社会团体进行常规性的、制度化的协商即有权采取的行动的范围”，基础权力指“国家实际上渗入民间社会，以及在后勤上将政治决定施及整个治域的能力”[①]。现代民族国家的形成是一个基础性权力不断延伸与扩张的过程，最后达到国家对整个社会全面控制的地步。司法是国家的职能之一，其自身的建立情况可以折射出一个现代民族国家的建设情况。改革开放四十年来经济社会的重建与依法治国方略的确立推动了司法领域的变革，使得人民司法传统在日渐规范化、制度化演进的过程中形塑了当下道法二元的司法格局：一方面，通过司法的常规化途径进行的社会整合体现了司法覆盖的广度与延伸的深度，但司法的基础能力较为薄弱，其无力整合转型时期多重性质交织的社会秩序，这集中体现为实践中司法供需失衡的困境；另一方面，在常规化的司法“无力”处，由司法至高的道义性与国家专断权力发动的“继续革命”以司法动员的形式试图集中有限的资源克服常规化途径无法解决的问题。正是在这种司法的去政治化与政治化的往复之间，司法道义性与合法性的冲突不时显现，并成为当下道法二元结构下司法运作的深层困境。

① Micheal Mann, The Autonomous Power of the State:Its Origins, Mechanisms and Results, in J. Hall(ed), State in History, New York：Basil Blackwell,1986,pp.113-114.

第四章
新时代人民司法传统的功能审视

人民司法传统的命运与中国政权建设的道义基础、社会条件以及国家整合方式息息相关。根据前两章的论述，从革命语境到理性化语境，人民司法传统尽管经历了一系列嬗变，其所承载的根源于人民民主的道义基础及司法动员形式始终未变。在与常规化司法运作相互交替的循环中，司法动员下的运作和常规化运行并未实现良好的配合，而是产生本文第三章列举的诸多问题。从更长的历史脉络来看，笔者在第一章中已经述及，新中国政权的建立既延续了儒家政治文化传统泛道德主义的深层特性，又体现了中国革命现代性的平等价值，后者同样是充满浓厚道义性的。那么，是否这种常规化与运动式的循环是中国根深蒂固的、无法改变的治理方式呢？如果是，那么，人民司法传统的道义价值及其运作方式会一直延续，其深层困境也会一直存在。换句话说，对其进行批判并不会有多少政策性的意义，即便其伴随着许多问题，但毕竟没有一种方式不会伴随问题独来。与此同时，普通百姓对国家批判的道德化语言凸显了他们对于国家无限的道义期望，进一步强化了国家观念的道德化[①]，法院在热点案件中对“民意”的妥协即是证明。另一方面，随着中国经济实力的增强及其在世界格局中地位的提升，与人民司法传统同构的政治治理逻辑在民族主义的语境下得到进一步强化甚至是美化。在这些困境与合理性似乎共存的前提下，要如何看待新时代下的人民司法传统呢？笔者以为，回到现代性这个母题，对中国近现代发生的逻辑进行更为深层的剖析，有助于对人民司法传统进行重新定位。当然，对当下的书写本身就会因为历史的短距离透视带来诸多盲区，许多问题也许要在更远以后回溯才能看得真切。在这里，笔者也只是尝试着提供一个思路，进行粗略的分析，对学界在此问题上的不同看法无意争论对错。

第一节　新时代中国现代革命及其现代性再思

一、中国现代民族国家建构的深层目标及启示

（一）中国现代民族国家建构的深层目标：民族复兴

无论中西，古代神权政治始终未将“民众”纳入其话语实践中。现代性

① 参见项飚《普通人的“国家”理论》，《开放时代》2010 年第 10 期。

开启了国家世俗化的进程，这与“民众”力量的崛起息息相关，并构成了现代民族国家政治实践的主体。在第一章中，笔者梳理了中国现代革命的历史，论述了中国民族国家建立的合法性诉求及马列主义中国化的过程，借此阐明人民民主理念的内涵与特性。这一部分提及了“救亡压倒启蒙”的重任对政权选择的影响，强调新的政治共同体建构过程中内部整合的重要性，但对民族国家之“民族”这一点着墨较少。现代民族国家不仅仅是由领土、公民、国家机器等构成的实体，亦是人们主观的想象。其中，民族性是现代民族国家认同的重要基础。对于中国现代民族国家的建构来说，民族比较的特殊历史不仅促成了一个总体性的国家观，决定了人民民主至高道义性的静态特性，更影响了中国现代化进程的终极目标。随着中国综合实力的快速上升以及全球化进程的进一步加深，这一目标再次被国家领导人提上日程。中国现代性的特点也可从中略窥一二。

按照费正清的说法，“华夏中心主义（Sinocentrism）”是传统东亚秩序的主要特质。中华帝国是其想象的世界秩序的中心，而其自身不仅仅是政治共同体，更是一种文明。以中华帝国为中心的文明体辐射四周，不仅对其传播处有强大的同化作用，且因其开放性和包容性成功化解了历次异族入侵的危机。长期的“华夏中心主义”会带来“自我中心主义和自大主义的奇特混合”[①]，这种心态构成一国自尊的基础。在此背景下，西方现代性的冲击在摧毁整个中华文明道统的同时亦剥夺了传统士大夫阶层的安身立命之本，后者对儒家政治文化有效性、正当性的终极信念崩塌。信念的崩塌不仅会带来意义悬置的迷茫，也会带来情感上的失落。失落是一种下滑的情感，一旦救亡图存的目标建立，又会转化为更为激进的情绪。

综观中华人民共和国成立七十年来的历程，文化民族主义诉求支配下国家社会的现代化建设呈现出如下特点：首先是经济建设的赶超性。从晚清列强入侵始，西方现代性带给中国最直观的冲击便是器物层面的巨大反差。于是，“富强”成为新中国成立后社会主义建设的首要目标，以重工业优先发展为战略目标的生产性运动如火如荼地展开。1957 年毛泽东访问苏联，见到苏联的经济实力及其赶超美国的努力，受到振奋，在 11 月 18 日莫斯科举办的 12 个社会主义

① 唐世平、綦大鹏：《中国外交讨论中的“中国中心主义”与“美国中心主义”》，《世界经济与政治》2008 年第 12 期。

国家共产党和工人党代表会议上提出中国赶超英国的设想，并认为这将是社会主义制度优越性的体现。这一设想为中央肯定，在同年 12 月中国工会第八次全国代表大会上，时任国家主席的刘少奇宣布了 15 年赶超英国的口号。1958 年 5 月八大二次会议上，这一目标修改为 7 年超英，15 年赶美；在之后的北戴河会议上，又进一步修改为 3 年超英，10 年赶美。在“赶英超美”的宏愿下，“大跃进”运动全面兴起。改革开放后，中国经济的发展依然采取赶超模式，这时“赶超”的所指不再局限于钢铁产量这一单一指标，而是指“建立在后发优势基础上的，以发达国家为目标，政府确定经济发展战略、制定产业政策、以实现经济的高速发展和质量的全面提升”[①]。具体来看，20 世纪 70 年代末以来经济领域的赶超通过每一代领导人在不同历史阶段对中国现代化道路制定的目标体现出来，例如，邓小平在十三大上提出的“三步走”战略，江泽民在十五大、十六大上提出的新的“三步走”战略等。中国经济的飞速发展有目共睹，客观上提高了人们的物质生活水平，并给整个中国社会带来翻天覆地的变化。然而，正如前文所述，对经济赶超发展的认知不能脱离政治文化的框架，“富强”的最终所指需要跳出经济本身来看。2012 年 11 月 29 日，习近平总书记在参观“复兴之路”展览时，提出了实现中华民族伟大复兴的中国梦。2013 年 3 月 17 日，他在十二届全国人大一次会议闭幕会上发表的讲话中又对“中国梦”进行了系统阐述，指出“中国梦”就是“国家富强、民族振兴、人民幸福”。[②]“民族振兴”的战略目标与新民主主义革命中共产党确立的责任担当是高度一致的，毛泽东在《中国革命与中国共产党》一文中早有阐述。

（二）中国现代民族国家建构体现的政治观

更进一步来看，中国的现代化之路以“经济—社会”建设为表，以重塑“文化—政治”为终极关怀，这一特点交织着韦伯与马克思两位现代社会思想大家对现代社会中政治与经济关系的共同关怀及其对“政治”概念持有的不同看法。从学理上将两人思想上的共性与差异予以揭示有助于加深中华人民共和国成立七十年来我国现代民族国家建构实践的理解。

19 世纪初德国还处在邦国林立的封建割据状态，在英法两国的工业化浪潮

---

① 对“赶超型经济”的阐释，详见金明善、车维汉主编《赶超经济理论》，人民出版社 2001 年版，第 2 ～ 4 页。

② 习近平：《实现中国梦必须走中国道路》，《党建》2013 年第 4 期。

影响下，德国走上农业资本主义道路，并于 1948 年爆发资产阶级革命。革命最终失败，反倒是俾斯麦的强权统治最终统一了德国。这一历史背景构成马克思与韦伯思考的共同现实基础。尽管德国特殊的社会与经济结构使得资产阶级革命失败，马克思仍然坚持英国的发展模式，认为这是“工业较发达的国家向工业较不发达的国家所显示的，只是后者未来的景象”[①]。在对资本主义社会发生学考察的基础上，马克思区分了经济基础与上层建筑两大范畴，经济是物质领域的生产与再生产活动，决定作为上层建筑的政治与文化活动。在这里，马克思反对简单的“经济决定论”，即将经济因素作为推动资本主义社会形成与发展的唯一因素，而是强调经济因素的正向作用与政治文化反作用共同的影响。这里有两层意涵：一是在经济基础决定上层建筑的论断下，马克思赋予了经济因素更大权重的重要性；二是将政治文化的价值等级与经济能力相联系，即经济竞争中的胜利者决定的政治文化具有优越性。换句话说，在马克思看来，政治的世俗化使得政治因其自身不再具有相对独立的超越力量，继而无法实现人的自我完善，达到全面且自由发展的理想境界。相反，以经济为核心的社会是一个自主的领域，生产力的发展推动社会的不断完善从而最终造就人的自我实现。这时，经济基础决定上层建筑便意指政治从属于经济社会。马克思看到现代资本主义社会中根植于生产关系的不同群体之间的分化与冲突，他用阶级这一范畴将不同群体加以区分，并赋予代表先进生产力的阶级以国家统治的权力。这样一来：一方面，经济社会是政治化的；另一方面，这种工具属性的“政治”随着社会的自我完善最终消解。在此种意义上，人的根本属性是社会性。

与马克思不同的是，韦伯从德国的经验中看到了有别于“经济”力量的“政治”力量。政治文化有相对的自主性，且政治文化与经济发展并不一定同步共进。1895 年，韦伯在弗莱堡大学发表了题为“民族国家与经济政策”的就职演说，他以演说前几年亲自在普鲁士东农村所做的田野调查为例，揭示了这个村子中农民的流出反而让越来越多的波兰人在该地区占据优势这一现象，农业市场化的后果是文化上处在劣势的斯拉夫民族取代了代表先进文明的德国农民，这表明经济发展并不必然有利于地区或国家的文化进步。同样，在《新教伦理与资本主义精神》中，韦伯分析了路德宗的天职观与加尔文宗的预选说对形成

① ［德］卡尔·马克思：《资本论》，中共中央马克思恩格斯著作编译局译，人民出版社 2004 年版，第 8 页。

资本主义经济伦理的作用，继而宗教因素被视为推动资本主义生产方式的重要因素之一。值得强调的是，韦伯并没有在经济、政治、宗教等因素对于资本主义社会形成与发展的重要性权重上加以区别，而是将之置于同等重要的地位。在此基础上，我们再来看韦伯是如何面对现代社会祛魅后人的终极价值问题的。与马克思将个体的自我完善诉诸经济社会的发展不同，韦伯并没有将国家的世俗化等同于个体的世俗化，政教分离的后果是统一价值观的消失与多元价值观共存局面的形成，一神变为诸神。在韦伯看来，政治就是诸神之争。现代人的根本属性是政治性，政治不会消解，它是人永恒的活动场所。这时，在政治与经济的关系上，政治并不“附着”于经济社会，诸神之争的最终决断与阶级冲突和经济社会没有关联。韦伯将决断权个体化，对于个体而言，价值依然是一神式，相应的，“国家”也具有与个人同构的一神式价值即“民族”精神。“在韦伯那里，族系性是一种自外于现代社会的力量，‘人’的完成必须通过族系性。作为韦伯终极关怀的‘人’，不是马克思的作为类的‘人’，也不是社会化的‘人’，而是具体的、个别的‘人’，及由许多这样的‘人’所构成的人群。这样的‘人’从属于他的民族、文化。”①

政治“并不是那种某人或某阶级在某一时期碰巧执政的日常政治，而是整个民族长远的权力政治利益”②。在这里，经济社会的发展服务于最根本的政治文化，而不是相反。更进一步追问，马克思与韦伯何以在经济与政治的关系上持截然不同的看法？这根源于两位思想家认识论上的区别。马克思诉诸经济社会的自我否定或者说自我超越来实现“人的解放”，这其实是认为“科学”能够最终理解这个世俗化的此岸世界，从而在理解的基础上克服“此岸”的恶与局限，实现人通向“彼岸”世界的善与完满。韦伯却用“价值”划出“科学”的边界，人对世界的认知只能局限在特定价值所指涉的范围内，最终无法超越这个界限达到对世界的整全理解。

基于上述对马克思与韦伯在政治与经济关系这一问题上观点的比较与分析，再将论述对象拉回到中国。笔者发现，根据中国现代革命及中华人民共和国成立七十年的经验，中国现代民族国家的建设兼具韦伯与马克思思想中的部分特点，它没有在政治文化与经济社会的关系这一问题上将任何一位思想家的逻辑

---

① 洪涛：《韦伯与马克思——论“文化—政治”与“经济—社会”》，《当代国外马克思主义评论》2002 年第 00 期。

② [德] 马克斯·韦伯：《民族国家与经济政策》，甘阳选编，甘阳等译，生活·读书·新知三联书店 1997 年版，第 93 页。

贯彻到底，而是呈现出两种逻辑混杂的局面。首先，改革开放以来从经济社会的发展再到民族复兴的提出，经济建设的深层目标是为政治文化服务，从这一维度来看，中国民族国家建构的政治观是韦伯式的。其次，从笔者在第一章中阐述的人民民主的内在逻辑及社会主义意识形态与列宁式政党组织的一体化建构特点来看，我国现代民族国家建构并不存在“诸神之争”的困境，相反，马克思式的建立在先进阶级观念基础上的道德一元论构成其另一维度的特点。换句话说，中国民族国家建构的政治观内在包含了建立在先在的人之本性的族系性之上的政治概念和以“科学”为根基的政治概念。从较为宏观的层面看，这两种政治概念之间的张力正是现代性自身难以克服的困境，具体来说是“科学”与“价值”之间的冲突。在全球化的背景下，这一冲突愈发尖锐。值得一提的是，对于处在现代化进程不同阶段的国家来说，两者之间张力的程度及其在实践中呈现的具体问题不可同日而语，需要结合该国的具体情况做进一步的分析。

二、全球化背景下中国现代民族国家建设的困境

无论是马克思还是韦伯，他们的思考都立足于诊断现代社会与资本主义的弊病并加以批判，具有一定的超前性。当下距离这两位思想家彼时的思考过去了一百多年，这一百多年来的历史在不断证实或证伪着他们的相关论断。二战后民族解放运动持续高涨，以民族国家为基本单位的世界体系逐渐形成，整个20世纪在90年代东欧剧变后似乎证实了福山预言的“历史的终结”[①]。然而，当历史步入21世纪，无论是发达资本主义国家内部，还是国与国之间的关系，都呈现出更多的不确定性，历史远未终结。在以商贸为主导内容的全球化浪潮中，马克思笔下消解的政治与韦伯笔下以民族主义为核心的政治之间的张力得以扩大，民族国家的边界不仅愈发模糊，其主权的至高性也在特定条件下让位给更高的权威。在这种背景下，中国文化民族主义诉求支配下的民族国家建设面临着一体化整合模式难以解决的困境和挑战。

① “历史的终结”是指现代化之路最终走向自由民主的社会形态，因此，西方启蒙运动时期发展出来的价值和制度潜在地具有普遍性。参见［美］弗朗西斯·福山《历史的终结与最后的人》，陈高华译，孟凡礼校，广西师范大学出版社2014年版。

（一）全球化浪潮下民族国家之间的冲突

现代性使得个体从统一的终极关怀中解放出来，却仍然需要解决在固定领土范围内将共同体成员组织起来的问题，民族认同便是对这一问题的回应。从比较史的角度来看，现代民族国家的民族认同方式有两种类型：一种是以美国为代表的建立在个人主义这一主观认同符号基础之上的民族主义，另一种是以德国为代表的以文化、人种等客观认同符号定义民族的民族主义。[①]第一种类型的民族国家将政治共同体的形成视作契约的产物，个体让渡个人权利形成国家主权。在这一类型的民族国家中，个人、社会与国家具有内在一致性：个人权利以个人自主性为正当依据，一方面，个体的交互关系形成流动的现代社会，被个人自主性正当化的个人权利推动形成现代社会中的欲望生产机制；另一方面，由个人权利让渡形成的主权国家通过行使立法权，用法律来保障契约社会。对外，主权国家在民族主义的自主性下与其他国家展开与一国之内个体或组织之间相同性质的竞争。具体来说，“资本”建立的“为市场、交换和利润的最大化而生产的体系”[②]推动出现一个“书同文，车同轨”的理性化的抽象社会，并在资本增殖的内在规律下使得“市场”不断突破地域的界限，将以资本主义经济为核心内容的抽象社会特质拓展至全球。民族国家的民族性并没有与这种经济社会的抽象性相冲突，国家行为受到各种国际公约、条约的规范。第二种类型的民族国家通常是被迫卷入现代化进程，它无法在短时间内建立起英美国家自发生成的基于个人主义的民族认同，为了避免社会转型过程中导致的社会整合危机，用既存的客观符号如历史文化、人种或血缘关系等建构民族的认同。这时，民族国家被视为代表民族的实体而非具有契约性质的组织，因此并不依赖于个人权利。就这两种类型的民族国家而言，前者具有世界主义的性质，后者则对与其客观符号相悖的事物加以排斥，而后发现代化国家多为后一类民族国家。

沿着第一种民族国家类型的逻辑，意大利籍政治理论家 Antonio Negri 和德勒兹研究专家 Michael Hardt 为全球化时代后民族国家的政治共同体构想出“帝国”的政治形态，在 Negri 和 Hardt 看来，经济生产和交换的主要因素如金钱、技术、人力和商品等越来越遵从资本增殖的内在规律，越过民族国家

---

① 参见金观涛《历史的巨镜》，法律出版社 2015 年版，第 58 ～ 74 页。

② 转引自陈晓律《全球化进程中的民族主义》，《世界历史》，2001 年第 4 期。

的地域界限，将其活动范围扩展至全球，而与经济全球化相适应的政治形态是“帝国”。这是一种非常理想化的理论设想，事实是，在普遍建立起来的民族国家中，后发现代化国家多为第二种类型。由于这类民族国家民族认同的特殊性，其对世界秩序的想象并没有以个人主义的平等和自由为基本理念，这使得整个国家秩序愈发不确定。不仅如此，随着资本主义的发展，第一类民族国家的现代化进程也陷入危机，并进一步影响国家之间的关系，致使冲突频发。国家与国家之间的冲突可以进一步分为两类：第一类是普遍性的生产体系带来的地缘利益的冲突；第二类是与资本主义生产方式相亲和的世界主义理念与多元文化观念及生活方式之间的冲突。就第一类冲突而言，随着国际贸易的兴起以及资本市场在全球的扩张，越来越多的国家被纳入世界产业链分工的不同环节，这一方面使得“各民族的原始闭关自守状态由于日益发展的生产方式、交往以及由此自发地发展起来的各民族之间的分工而消灭得越来越彻底”[①]，另一方面在新的经济秩序迈向更高阶段的发展时，分工体系中处于上游的发达国家与处于中下游的发展中国家之间的贫富差距越来越大，后发现代化国家在传统农业经济秩序解构的同时，无法形成成熟的资本主义结构，只能依附于发达资本主义国家，并在这种强与弱的结构中逐渐被边缘化。与此同时，发达资本主义国家内部在经济高速发展到一定阶段时，出现严重的贫富分化，周期性的经济危机使大量的人失业，而市场之外个人难有容身之地。在这一情形下，各国开始用行政干预市场，并为保护民族自身的利益趋向保守。20 世纪 20 年代西方自由主义经济失败，个人权利遭到质疑，福利国家兴起，各国市场经济被国家控制，第一次全球化结束。更为严重的是，当个人权利观念被否定后，建立在其上的民族主义异化为畸形的种族优越论，并带来惨绝人寰的种族压迫和灭绝。就观念冲突而言，不仅有一国之内建立在具有普遍性与一般性的主体尊严与人性基础上的具体的主观价值之间的冲突，亦有这套普世的权利话语与承载了不同国家历史文化特性的价值观之间的冲突，后者有时会通过“正义战争”的方式来解决。

始于 19 世纪 40 年代的经济危机最终以欧洲各国帝国主义式的殖民扩张和军备竞赛的方式得到解决。然而，一战结束后，经济危机再次来临：一方面，就国与国的关系而言，为保护民族自身利益，各国对外日趋保守；另一方面，

① 中共中央马克思恩格斯列宁斯大林著作编译局：《马克思恩格斯全集》（第一卷），人民出版社 1972 年版，第 51 页。

就国内经济而言，个人权利遭到质疑，国家用行政和立法干预市场，不仅对市场进行宏观调控，还保障工人的最低收入，开启福利国家模式，典型例子为20世纪30年代美国实行的罗斯福新政。正如笔者前文指出，没有一种革新不会伴随问题而来，在经济危机有效缓和后，福利国家模式与经济自由放任之间的冲突一直是西方发达资本主义国家争论不休的问题。此外，更为严重的是，第二种类型的民族国家在“一战”的冲击后，民族主义与任何一种超越个人之上的意识形态结合时，异化为畸形的种族优越论，带来惨绝人寰的种族压迫和灭绝。

两次世界大战和资本主义经济危机让各国在反省中重塑现代价值：一方面，要用对人权的基本尊重来限制国家主权，使后者不至于无限扩张；另一方面，将个人权利与个人自主性相区分，契约的有效性应以其符合正义为前提。然而，从当前国际政治局势来看，历史的教训总是在被铭记一段时间后又被逐渐遗忘，不仅上文指出的现代危机愈发严重，应当铭记与遵守的现代价值底线更是面临着被颠覆的危险。

（二）中国现代民族国家建设的挑战

中国自古以来由多族群人口组成，但并没有出现近现代欧洲意义上的民族主义，族群之间的融合统一于天下观的整合秩序中，并通过人们共享的一套儒家伦理实践得以维系。换句话说，“‘民族性’对于整体秩序并不具有决定性意义”[①]，列文森将这种依赖文化传统凝聚民族认同的现象称为“文化主义”。这种文化主义在传统农业文明的背景下，并不是一种特殊模式，它的深层特性是政教合一，不同文明体只不过在教化的具体内容及其实现方式层面存在差异。政教合一意味着个人终极关怀层面的自我认同与社会层面的组织认同实现内在的耦合，但现代工业生产体系的急速扩张和发展打破了这种个体与社会的有机联结，以其为主体的现代社会所具备的工具理性特征无法回答共同体的边界问题，更无法回答个体意识觉醒后个人的共同体归属问题，此时，国家需要重新界定我们（自我）与他们（他者）的边界。[②]民族主义便是对社会层面认同危机的回应。和大多数非西方文明国家一样，中国现代民族国家的民族认同属于文化民族主义这一类型，几千年来的文化优越感与近代民族生存竞争中遭受的

---

① 关凯：《传统与现代：民族政治的中国语境》，《西南民族大学学报（人文社科版）》2018年第1期。

② 参见金观涛《历史的巨镜》，《法律出版社》2015年版，第17～26页。

屈辱感都构成了新中国民族认同的客观价值符号。现代性的发生与维系有着极为密切的关联，但其面对的问题又是截然不同的，那么，这一具有文化民族诉求的国家在持续的现代化进程中又面临着怎样的问题呢？在前述国与国充满冲突与张力的环境下，中国现代民族国家建构既要面对现代性核心价值观的拷问，又要面对现代性自身带来的危机。具体来说，可以从转型社会的整合问题与民族问题两方面来看：

从社会整合问题来看，随着社会分工的细化与个体自主意识的提升，社会日渐多元与复杂，这时，一方面，道德一元化的整合力量可能陷入被虚化以致整合无力的境地；另一方面，为人民服务的道义性要求国家将社会各方面的问题都纳入国家管理的范围，这意味着在社会复杂性增加的同时，国家要承载更多的压力和责任，而传统的一体化组织模式及其管理方式愈发难以应对这种与日俱增的复杂性。"具有向上负责制结构的政府组织，在执行自上而下的政策指令时有着高动员能力和组织能力，但这一组织形式恰恰难以适应和应对自下而上的复杂多样的社会需求——通过行政链条和组织激励机制，力图将社会不同领域强行焊接为一体，因此愈来愈显示出简单、生硬、武断的特点，一系列矛盾也随之尖锐起来。"① 事实上，综观世界各国的现代化转型，对许多国家来说，"核心的挑战是，中央控制只能在一定限度内起作用。在此之后，下一个级别的复杂度需要交给一个受教育人群，以分散的主动权来治理。很多国家都没能跨过复杂性水平带来的挑战"②。在这个分散主动权的过程中，如何在社会经济的发展与社会稳定之间权衡，不仅需要审慎与创新的决策，也需要具有强大应对能力的国家。

从民族问题来看，中国传统大一统的天下秩序下，"民是政治概念，族是自然和伦理概念"③，与"民"相对应的是"君"、"官"，而非自然属性层面的"族"，因此，传统中国并无近代国族意义上的"民族"概念。中国现代意义上的民族主义在近现代革命中逐渐形成，这一过程存在两个视角：对外视角指在"救亡压倒启蒙"的列国抗争中形成具有现代国族意涵的民族主义，对内在北洋

---

① 周雪光：《从大历史角度看中国改革四十年》，《二十一世纪》2018 年第 12 期。

② Arie Y. Lewin, Martin Kenney, Johann Peter Murmann , China' s Innovation Challenges—Overcoming the Middle-Income Trap, Cambridge University Press, 2016, 转引自郝景芳《在不安全的世界里，我们何去何从》，http://m.sohu.com/a/244753235_655166.

③ 王人博：《民族主义在近世中国何以成为一个问题?》，http://www.aisixiang.com/data/110717.html.

政府时期采取“五族共和”策略，新中国建立后实行民族区域自治政策，并致力于以对外形成的国族主义建立自上而下的民族认同。[①] 后者意味着在内外视角的合流，即以对外形成的国族主义对内进行驯化，在这一过程中，作为多民族国家的中国面临民族整合的挑战：经济社会地位之间的差距、观念的冲突以及外国势力的介入等诸多因素都极容易挑起民族之间的争端，提高民族分裂的风险。

当社会整合问题与文化民族主义相结合时，会产生更多的问题：一方面，经济社会的发展带来的综合国力增强与国际地位的提升会强化自我肯定，形成一种集体的民族主义情绪，这有利于社会的整合与国家的统一；另一方面，这种民族主义情绪极易走向极端，产生项飚指出的“中心中心论”问题[②]，即在世界秩序的想象中，将自我定位为世界的中心。这种政治文化上的优越感一旦过度，则会走向自我封闭，与现代社会去中心化的开放特性之间产生一定的张力。换句话说，一元化的道德整合力量愈发依赖一种没有实质内涵的对外民族情绪来强化自我认同，这不仅会增加一国与其他国家的对抗性，也易遮蔽内生于经济社会中的问题，形成普通人眼中的“框架化国家”[③]。

第二节　人民司法传统的再定位

改革开放以来理性化经济社会的建设与发展带来的社会生活的多元化和复杂性对新中国成立以来一元道德与组织一体化建设的模式提出了更为艰巨的挑战，在此基础上，全球化背景下伴随中国崛起而显露的深层文化民族主义诉求与实践中形成的具有超验性质的民族情绪在强化国族的整体性稳固时又与社

---

① 中国现代民族主义的发生与问题，详见高全喜《试论当代中国民族主义问题之无解》，《领导者》总第55期，2013年12月。

② 项飚：《寻找一条中国道路》，http://www.aisixiang.com/data/104338.html.

③ “框架化国家”是项飚对当下国人对国家想象的一种概括，意指“群众和政府都强调国家在总体上的整合性的重要性，但是人们在具体问题上没有制度性的共识，国家内部的种种关系经常失衡。国家是一个高度整合的框架，同时也是一个从外部整合社会生活的框架，但是在国家内部、在社会内部、在国家和社会之间都缺乏实质性内容上的整合”。参见项飚《普通人的“国家”理论》，《开放时代》2010年第10期。

会发展所需的自主空间存在张力。基于此，我们看到，中国现代民族国家的建设根植于前述不同维度、不同层次的问题中，这些问题相互之间有着复杂的因果关联，任何一种单向度的立场都无法一劳永逸地解决所有问题。正如前文所述，人民司法传统的命运，抑或中国司法的前景，与中国现代民族国家建设的道路命运与共，国家建设层面的问题折射到司法领域，亦是当下中国司法背后的政法传统所必须面对的问题。既然如此，该如何看待这些有着复杂关联的问题呢？笔者以为，一方面，问题的共存并不意味着相关问题没有完善的空间；另一方面，问题背后的时空属性亦决定着其轻重缓急的程度。在此基础上权衡，笔者认为，人民司法传统在新时代的定位需要将中国现代性发生学（或者说现代民族国家建设）中形成的内外合流逻辑进行一定程度上的切割，这一论断建立在笔者对国际秩序与国内秩序发展阶段的不同认识之上：就国内秩序而言，一方面，个体主体意识的提升是大势所趋，亦是难以控制的变量；另一方面，社会层面的经济发展有着比文化认同更为迫切的意义，社会秩序的稳定也只有在与经济效率调和而不是完全牺牲效率的前提下寻求更有效的治理手段才能长久。就国际秩序而言，各国发展的巨大差距以及经济全球化带来的内生于现代性自身的问题使得国际秩序的前景充满变数，强权的、外交的而非规范的逻辑在国际交往中起着事实上的主导作用，这一背景下，有必要强调国家主权的独立地位以及国家的整体利益。因此，在司法领域，暗含着一元化整合力量的人民司法传统对外依然可以在宏观理念层面维系司法主权的独立完整，对内则要寻求自身的重塑，契合经济社会的发展，服务于司法理性化的建构。下面分别予以详述。

一、对外：维系司法主权的民族认同

司法主权事关审判权的归属问题。近代中国司法经历了以领事裁判权制度的确立与废除为标志的司法主权的沦丧与收回[①]，并于新中国成立后才获得了现代意义上的司法主权。从司法主权是国家主权的重要构成这一维度来看，当下

① 详见张仁善《论民族主义与近代中国司法主权意识的觉悟》，《河南财经政法大学学报》2013 年第 1 期。

中国司法主权在国家主权稳固独立的情形下不再面临清末民初时丧权辱国式的侵犯，但其独立完整性在实践层面依然面临不少问题。

从管辖对象来看，中国司法主权对其领土范围内的纠纷与涉及其公民人身、财产等权益的纠纷具有管辖权，也即通常所说的属人管辖和属地管辖原则。就属人管辖而言，经济全球化背景下，个人、组织与国家之间跨国的互动与合作越发频繁，这导致：一方面涉外案件越来越多，另一方面个案牵动的利益越来越具战略意义。这时，无论是国家整体利益，还是公民与法人的权益，国家都有义务提供司法保护。在国际规则约束力较弱、国家之间存在激烈竞争的环境下，国家积极争取对这些争端的司法解决主动权是其对公民和法人提供司法制度保护的前提，也只有切实提供了司法保护，才能真正彰显主权的意义。这一逻辑同样适用于属地管辖，在一国领地内行使司法主权是国家主权的应有之义。以海事司法主权为例，“长期以来，我国海洋权益的维护在管辖权层面上更多地集中于立法和执法，如出台海岛保护法、确定南海定期巡航执法等，专门化的海事司法主要集中于管辖与航运贸易相关民商事纠纷案件，对海洋缺乏全面管辖”[①]。换句话说，我国司法主权的独立完整性仍是一件努力争取与维护的事。

有言道，国际关系中“弱国无司法”。尽管各国之间签订了诸多国际规则，并建立了以国际法院为核心的诉讼解决机制，但由于国际关系的复杂性与敏感性，司法的争端解决方式受到诸多外在因素的约束，其裁判结果也鲜有执行力。一国内的涉外案件在是否以及如何行使管辖权问题上亦受到国际关系考量的约束，这时，常常是国家之间力量强弱的对比决定了该国司法主权的自主性与完整性程度。在这一背景下，人民司法传统对于我国司法主权的维系亦然具有重要意义。从整体上看，人民司法传统的重要意义体现在观念与话语层面，详言之，可以从如下两个方面来考察：

首先，在观念层面，如笔者在第一章中提及，人民司法传统体现的司法观是人民民主的政权理念在司法领域的折射。“人民”是一个集合概念，与之相应，“人民司法”蕴含着一种高度总体性的司法观念，其所具有的至高道义性在抽象的观念维度建构起人们对于中国司法的想象。无论这一总体性的司法观念与现代充满流变的经济社会所要求的具有工具理性特点的司法存在怎样的张力，其总体性都有助于中国对外彰显其司法主权的独立性。再者，从司法实践方面

① 李天生：《充分认识强化海事司法主权的重要意义》，《人民法院报》2016 年 8 月 3 日 002 版。

考察，尽管司法机关的权威不高，但民众对司法机关的信任度并非一视同仁，而是随着机关层级的不同存在差异。在最高的国家一级，国人对司法主权独立的坚定信念又是不可否认的事实，这从近些年来较为高涨的民族情绪和爱国热情中可窥一斑。在国际关系不确定性提升的大环境下，总体性的司法观能够捍卫司法主权的统一与独立，继而为保护个案中中国公民和法人以及国家整体利益提供强有力的后盾。

其次，在话语层面，以人民司法为核心的一套话语体系内在包含了中国现代性发生过程中的平等诉求，在与其他国家尤其是发达资本主义国家的司法交互中，这套话语一来在司法主权的竞争中具有道义方面的优势，二来又可以作为发展中国家抵制发达资本主义国家霸权的话语工具。前文指出，作为现代伦理价值的平等诉求出现在第一、第二波现代化国家资本主义发展到晚期时，且不说这些国家由此产生的内生于现代性的困境，在国际环境下，随着国际经济社会的发展越来越遵循资本增殖的规律，资本作为一种强力成为影响政治决策的重要因素，各国话语权在资本造就的“中心—边缘”结构下很难获得实质上平等的协商资格。在这一结构难有实质性的改变甚至进一步固化的情形下，在“中心—边缘”占据中心位置的国家在使用表达其利益诉求的话语时，这一话语对处于边缘位置的国家来说构成事实上的霸权。司法是对社会各个领域进行规制的法律制度的事后救济，在国际司法实践中，人民司法的相关话语传递出后发现代化国家要求与发达国家享有同等司法权力以及享受实质司法公正的要求，继而为各国竞争营造更为公平自主的制度环境。这事实上是要求中国自身的经验“参与对普遍性的新的界定”，在政治文化层面作为平等主体与其他国家竞争“普遍性概念定义权和主导权”[①]。

值得强调的是，在用人民司法的话语捍卫中国司法主权、要求司法公正的同时，要以尊重他国的司法主权为前提，不能陷入相似的霸权逻辑中。如前所述，两次世界大战的经历事实上宣告了绝对主权观的不合时宜，而中国民族国家建构在文化民族主义维度的诉求所暗含的“为中心而中心”的逻辑以及可能激发的民族优越感都有可能使司法主权的运作放大绝对主权的弊端，从而走向保守、封闭，丧失其可能具有的竞争优势。

① 张旭东：《中国道路与“主权形态”的批判性反思——试谈政治范畴对普遍性概念的挑战》（上），https://www.guancha.cn/ZhangXuDong/2015_06_20_324129.shtml.

二、对内：辅助司法理性化的培育

（一）对内定位的认知前提和路径

相较于对外的定位，如何针对国内当下的司法实践来准确定位人民司法传统是更为迫切且更受学界关注的问题，这一问题与中国司法改革的实践和前景密切相关。然而，受制于不同学者对当下中国司法现状及其近景、远景想象的认知差异，已有的诸多论战都表明了学界在司改问题上缺乏共识。基于此，笔者有必要在此强调本文的立场，并在此前提下展开论述。事实上，当笔者意欲阐述人民司法传统的对内定位时，已经肯定了人民司法传统在可见未来里的实存状态。这一观点立基于导论中笔者提及的现实主义立场：在认识到问题的基础上寻找完善的空间，而不是推翻重构。既然如此，笔者要做的便是寻求当下法院运作中可能的完善空间，在此基础上才有立足点讨论人民司法传统能切实发挥功用的场域。这一探寻过程以对既存各种问题的轻重缓急有较为明晰的认识为前提，那么，接下来论文着力于“问题”本身。

笔者在第三章中指出，当下中国司法在法律秩序、政治秩序与社会秩序相反相成的关系中呈现出道法二元的结构。“道”是指司法的道义性，具体来说表现为人民司法传统延续至今的司法观念与整合技术：就司法观念而言，当下的司法实践依然贯彻着人民民主的民主理念，只不过话语表达由“人民司法”变为“司法为民”；就整合技术而言，一体化整合模式之下服从党的领导与为中心工作服务这两大核心始终未变，但在相关机构的性质与服务中心工作的具体内容和方式上有了变化。这些在前文中也都有较为详细的阐述。“法”指司法的法律性，是随着经济社会的理性化对司法系统产生的规范诉求，包括司法的专业性、职业性等。从微观实践来看，这一二元结构呈现为人民民主所要求的道义基础与体现现代科学价值的司法规律两股力量的动态对比，并在司法的各个环节都体现出来。孙笑侠用司法的职业化与平民化来概括这一二元结构，职业化与平民化是系统范畴的符号表达，亦可以视为两种不同的范式。在孙笑侠看来，“20 年来的司法改革，纷争不断，大体上也都集中在职业化与平民化的矛盾关系之上”[①]。其中，1998 年以来肖扬任最高院院长的十年司法强调了司法的职

① 孙笑侠：《司法职业性与平民性的双重标准——兼论司法改革与司法评估的逻辑起点》，《浙江社会科学》2019 年第 2 期。

业性，自 2009 年始王胜俊在任时推进的司法改革强调了司法的平民性，而十八届四中全会以来的“深化型司改”透露出顶层兼顾司法职业性和平民性的思路。基于这一判断，孙笑侠将如何处理司法与民意之间的关系作为困扰中国司法改革实践的元问题。[①] 按照本书所采取的现代性视角以及第三章中对当下司法运作实践困境的阐述，笔者认为孙笑侠的观点有一定道理，但其提供的分析框架无助于对该问题进行更为清晰与深入的剖析。为了更准确地定位人民司法传统，有必要对当下司法运作中的相关问题本身进行梳理，在此基础上以“问题”为对象，将问题与问题之间的层次和关系加以明晰，继而澄清学界在司法问题上的相关认知。鉴于笔者在第三章中已经对实践中的问题进行了梳理，下面就以表格的形式归纳出这些问题背后的基本要素，然后就基本要素之间的关系予以总结。

当下司法运作的二元结构及困境（表 4–1）

二元结构 / 困　境	道	法
司法供需失衡	权责（事权）	司法基础能力
多元目标 vs 有限司法资源	权责（事权）	司法基础能力
民意 vs 司法合法性	民众诉求（事权）	合法性
司法动员的国家意志 vs 功能实现	权责（事权）与一体化整合技术	合法性

根据第三章中归纳出的实践困境，笔者将道法二元结构下的司法运作实践提炼出如下关键词：权责、民众诉求、一体化整合技术、司法基础能力、合法性，其中，权责与民意可以进一步归纳为法院的事权（见表 4—1）。因此，笔者最终将当下司法运作的基本要素或曰基础的分析范畴概括为以下四项：事权、合法性、司法基础能力与一体化整合技术。这四个基础要素分属于不同层面，彼此密切相关。首先来看合法性，合法性是规范层面的范畴，它指司法系统依据法律制度规定所具有的职权，包括职责与权力。其次看事权，这里的事权针对法院在实然层面所做的事，它与司法合法性指涉的职权之间是交叉关系。法院的事权有时会超出合法性这一范畴的所指范围，超出的部分有两大来源：一是源于国家在特定历史阶段制定的总体目标以及总体目标下的具体分目标，通

① 详见孙笑侠《司法职业性与平民性的双重标准——兼论司法改革与司法评估的逻辑起点》，《浙江社会科学》2019 年第 2 期。

常以政策的形式体现，并无法被既有的制度规定吸纳；二是源于民众诉求，在司法为民的正当性话语下，法院无法严格遵守合法性要求来拒绝当事人的诉求，例如信访。法院的事权有时会小于合法性的指涉范围，这根源于国家意欲实现的多元目标之间的冲突，例如，在立案环节对破产案件的受理进行把控，就是在个人权利保障与社会秩序稳定之间加以权衡。再来看司法基础能力，它是司法机构履行司法职能的胜任力，表征了司法机关履行其法定职责的必要条件。最后看一体化整合技术，它是指新中国成立以来建立在统一意识形态基础上的列宁式政党组织（共产党）通过司法对社会进行整合的方式，具体来看有两类：一是通过司法动员的方式贯彻上级在特定阶段的目标，二是通过压力型的组织管理模式对具有高度政治性或社会影响力的个案给予回应。在更为宏观的视域下，这四大要素可以分为两大部分，事权、合法性与司法基础能力是法院得以形成的一般构成要素，一体化整合技术则是由特定政法关系决定的特殊构成要素。在本文前两章中，笔者分别以革命范式和理性化范式下论述了人民司法传统的政法逻辑以及嬗变，抽象到这四大基础要素，实则是阐述了一体化整合模式这一司法的特殊构成要素与一般构成要素之间的互动关系。

基于对法院运作实践的基础要素及其相互关系的认识，笔者拟将学界对法院改革的相关问题整合到这些基础要素之下，以呈现这些问题的层次与关系，在此基础上结合具体的历史条件，分析既有条件下司法改革可能的空间，由此定位人民司法传统。

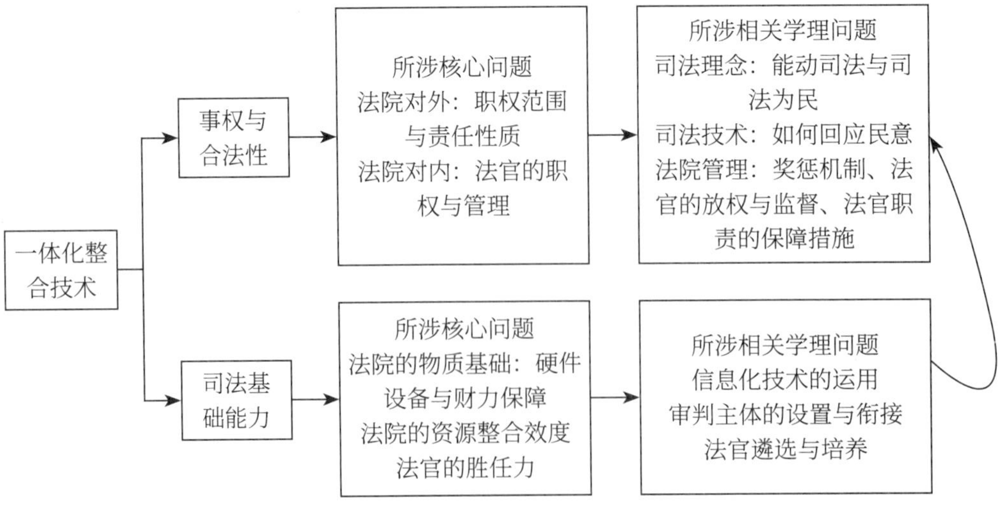

图 4-1　法院运作系统中的主要问题

笔者将一体化整合技术这一特殊要素与一般要素相结合，呈现出两大层面的主要问题。首先，就一体化整合技术与事权、合法性的结合来看，有两方面的问题：第一，一体化整合技术内含的最高意志能够决定法院作为一个整体的事权大小，并以合法性为边界，确立不同事权相应的责任性质，继而影响到法院内部不同身份的个体所要承担的职责性质与大小。事权的变化归根到底源自国家意欲实现的社会目标以及社会共同体中公民的诉求变化，在如何贯彻落实上级目标、如何吸纳公民诉求时极易发生不同性质职责之间的替代和错位。第二，一体化整合技术体现的是列宁式政党组织通过司法对社会整合的模式，它的有效落实在该组织由革命党转为执政党后，就更多地依靠对法院组织及法官群体常规化的数目字管理来维系。政策目标与量化的指标考核能够影响法院工作的重心和法官的行为，例如对调解制度的推行，但却容易顾此失彼，产生组织与个人目标替代的问题。其次，就一体化整合技术与司法基础能力的结合来看，法院的司法基础能力的强弱取决于一体化整合技术内含的上级是否予以重视和支持，也取决于其在地方政治生态中的地位。司法基础能力范畴下涉及的问题包括法院的物质基础、法院资源整合的效度以及法官的胜任力，其中法院的物质基础是影响信息化技术在法院推行的重要变量，法院资源整合的效度涉及不同审判主体的设置与衔接问题，法官的胜任力则涉及法官的遴选与培养问题。

在面对这些不同方面不同层次的问题时，需要对影响这些问题走向的因素有一个较为现实的评估：首先，一体化整合技术在可见的未来里不会发生质性的变化，这意味着由其决定的管理模式以及奖惩机制对法官行为的影响并没有多大的改变空间。新一轮改革通过推行员额制、司法职业单独序列管理、人财物省级统管、司法责任制等措施，一定程度上扩大了法官的职权、提高了法官职业尊严感，但总体来说，激励效果是相当有限的。法院在整个政治结构中的弱势地位以及来自民众、媒体等的压力，都使得无论是法院还是法官都无法严格遵循合法性的标准。就具体审理个案的法官而言，其客观上“承担不了司法裁判在中国社会中的政治责任、社会责任乃至法律责任”[①]。换句话说，就第一个层面的主要问题，法院事权与合法性的纠葛会一直持续下去，在这个背景下，若将改革重点着眼于法官享有完全自主的审判权是不恰当的，相反，可以预见

① 顾培东：《法官个体本位抑或法院整体本位——我国法院建构与运行的基本模式选择》，《法学研究》2019 年第 1 期。

的是，法院依然会陷入“一放就乱、一管就死”的旧困境中。其次，较之第一个层面的问题，司法基础能力层面的问题则有更大的改革空间，这一方面有赖于上级对法院系统财力的支持，另一方面要强化以法院为单位的内部资源整合。从逻辑上来看，法院司法基础能力的提升也有助于其发挥社会责任，从而一定程度上缓和第一个层面的问题，例如，在面对汹涌的舆论压力时，用专业的判断回应民众争议，引导舆论风向，而不是一味妥协。

针对上述分析，笔者较为赞同顾培东的判断，即将司法改革的方向定位在法院整体本位①，这是由法院所处的政治社会环境与法官有限的能力共同决定的。在这一前提下，人民司法传统所暗含的司法理念与司法技术要以提升法院司法基础能力为目标，助力于法院专业化与职业化的发展趋势。这一方面需要将法院承担的政治职责、社会职责与法律职责以更为细化的分类，另一方面要统合以独任法官、合议庭与审判委员会为核心的审判主体之间的分工与协作。这些问题，都应当在对微观的司法实践有更多深入了解的前提下加以讨论，非笔者力所能及，亦非这里的重点。

（二）助力司法理性化的具体方面

站在现实主义的立场考虑，司法运作将在长时段内保持道法二元结构的局面。从当下司法运作的基础要素及其相互关系入手，笔者探讨了这一局面下法院改革的可能空间，即在二元结构下提升法院的司法基础能力，由此将人民司法传统定位于辅助司法理性化的培育。更进一步而言，这是试图借助“道”所具有的现实力量助力于“法”这股力量的增长。那么，在哪些方面，“道”与“法”可以相互融合，彼此相互促进呢？笔者列出如下两点。

1. 弥合司法信任，为司法专业化创造信任空间

司法理性化的培育意味着法院的审判活动日益遵循司法规律，按照法律的制度规定行事。前文指出，司法系统是现代社会中的脱域机制，它的运作基础并不是公众在认知层面的完全理解，而是感性层面的信任。在法院与公众接触的“交汇口”，人民司法传统之司法为民的理念依然可以发挥话语上的优势。笔者以为，这里的“司法为民”可以从三个维度着眼：第一，将这里的“民”作

① 参见顾培东《法官个体本位抑或法院整体本位——我国法院建构与运行的基本模式选择》，《法学研究》2019年第1期。

为整体意义上的公民，这时，“司法为民”可以体现在法院为公民提供便捷、公开的服务上。具体来说，那些或基于偏见或基于真实的参与体验形成的不信任感，可以通过降低公众进入司法程序的时间成本、减少公众与法院之间基础信息的不对称性来加以缓和。在网络时代，通过信息通信技术在法院的运用，似有可能实现技术民主与法院专业化的统一，例如，网络诉讼平台的建立突破了时空的限制，使得当事人和律师可以在线完成诉讼的诸环节，而网络平台实时更新的信息也可以即时予以公开。[①] 第二，这里的“民”可以指弱势群体，人民民主对平等的诉求是社会主义国家特色之所在，通过诉讼费减免制度、法律援助制度等保障有实际困难的当事人能够与他人同等享有实质的诉讼权，是法院系统针对特殊群体创建信任的途径之一；第三，这里的“民”指个案中具体的当事人，虽然法院的信息化技术革新可以在一定范围内缩小公众与法院的信息差，但具体到个案，诉讼活动主要是当事人与司法人员之间的沟通、协调等有实际接触的活动，司法人员的语言表达能力、耐心与否等对于当事人直观的心理感受具有极为重大的影响，这时，强调司法人员的亲和力、责任心等为民服务的态度亦是塑造或改变民众对司法信任感的重要维度。

2. 通过说理策略进行“法律”教化，将“道”纳入“法”下

人民司法传统以人民民主为司法权的正当性基础，并将政治目的置于司法道义性的内涵之中。从前述事权与合法性的关系来看，人民道义性的内涵或曰政治目标在很大程度上已经被法律制度吸纳，在这层意义上，其道义性通过司法人员依法审判即可实现。然而，且不说一体化整合模式内在的伦理中心主义结构，抑或现代革命进程中确立的对于平等价值的追求，转型社会交织的多重性质的秩序以及法律常识较为匮乏的公众，都使得无论法院还是法官不得不承担多重角色。例如，笔者在派出法庭调研时旁听的一个案件，被告缺席，原告没有请代理律师，庭审结束后，主审法官询问起诉讼标的，却发现难以与材料对上。在一番“普法”之后，原告决定撤诉并变更诉讼请求后重新起诉。这时，主审法官实则扮演了律师的角色，为原告出谋划策，但如若不传授、告知并解释法律知识，诉讼程序没有办法进行下去。人民司法传统在经历了七十年左右的历史变迁后，纯粹教化层面的道义性已经逐渐淡化，而是包含了更多的理性，

---

① 信息化技术革新对法院管理带来的影响，详见芦露《中国的法院信息化：数据、技术与管理》，《法律和社会科学》2016年第2期。

这是由其面对的具体社会整合问题所决定的。这时，“道”的形式结构与实质威权仍在，其实现途径不仅有法律，还有政策。在为司法理性化服务的功能定位下，有研究者提出司法策略本身的合法性建构问题[①]，笔者对这一构想的出发点颇为赞同，却对其可操作性和可能产生的效果持保留态度，毕竟，司法策略的合法性建构还是要以“道”的形式来予以贯彻，法律的权威归根结底还是依附于人民司法的道义性。

面对这一终极矛盾，笔者更倾向于策略性的、实践性的而非制度性的努力。汪丁丁曾对金岳霖的“现实可能的世界是逻辑可能的世界的一个很小的子集”这一论断提出质疑，他认为逻辑可能的和逻辑不可能的集合，都不包括那些由于人的创造性而成为潜在可能的元素。逻辑不能概括过程，过程可以容纳逻辑矛盾。根据奈特，创造性是问题求解或政治过程或社会主动过程的基本特征。[②]以学界讨论颇多的法理与情理的关系问题为例，在对法官的访谈中，笔者发现，这个问题在法官那里似乎并不是一个多大的“问题”，甚至对那些说理技术、协调沟通能力较强的法官来说，这并不构成问题。在基层的众多案件中，法官往往是情法兼施，增强当事人对法律规定的可接受性，其间蕴涵的说理技巧和策略是无法也无须被统一的制度加以规范的，这里反而需要国家决策层对法官的信任和包容。

第三节　小结

新时代人民司法传统历史走向的定位受制于新中国民族国家建构的逻辑及其面对的国内外环境。新中国民族国家的建构以“经济—社会”建构为表，以重塑“文化—政治”为终极关怀。就新中国对内的经济社会发展而言，文化民族主义的诉求一方面有助于自上而下的国族认同，并在一定程度上利于转型时

① 参见王籍慧《司法策略的合法性建构：以乡村司法为背景》，《重庆社会科学》2018 年第 4 期。

② 参见汪丁丁《新政治经济学讲义：在中国思索正义、效率与公共选择》，上海人民出版社 2013 年版，第 347 ～ 350 页。

期社会风险的把控；另一方面却会因其强化国家层面的一元价值认同而抑制建立在个人主义基础上的现代经济社会的发展，其一体化整合模式也愈发疲于应对现代社会的复杂性。这样看来，新中国民族国家建构的逻辑在对内与对外的环境下都有着各自的利弊。在这一背景下，从国际秩序较之于国内秩序充满的更多不确定性和更少规范性这一点来考虑，笔者主张将当下中国国族建构在对内与对外的话语运用和思路上进行适当的切割，这一观点同样适用于始终贯穿着新中国民族国家建构逻辑的人民司法传统上：暗含着一元化整合力量的人民司法传统对外依然可以在宏观理念层面维系司法主权的独立完整，对内则要寻求自身的重塑，契合经济社会的发展，服务于司法理性化的建构。

结　语

人民司法传统的形成与变迁史不过是新中国现代民族国家建设历程的一个缩影，其所蕴含的道法二元结构及内在困境亦是当下社会主义国家建设不得不面临的挑战。个体主体意识的觉醒和以现代技术为支撑的经济发展模式不断消解着任何一种超越性，人们的日常生活以流变为特性。换句话说，唯一不变的是“变”本身。这种生活方式对司法的要求是以抽象知识为核心的专业技术输出。这一背景下，人民司法传统的道义性和一体化整合模式既有契合现代性的一面，又有与现代性难以融合的一面。于是，在较为形而上学的层面，我们不难发现现代性有着内生于自己的矛盾，谈论其进步意义是有条件的，即是在与前现代比较的基础上获得。基于此，在可以预计的未来，构成人民司法传统的“道”与“术”会一直存在，并在超越与消解两股力量的绞合之下不断重塑自身。笔者在第四章中对其所做的定位更多地着眼于现代性的进步意义，却难以在智性上对内生于现代性的困境给出多少富有建设性的意见。在笔者看来，后者之于当下的中国司法实践、整个国族建构甚至发达资本主义国家来说，都是一个难以解决的问题，其解决也许依赖全人类更多的探索，但就前者而言，即司法理性化的培育，却亟待人为的努力，亦是人民司法传统在其存续时应该着力的方向。

参考文献

1. 中文译著与著作

［1］［美］汉密尔顿、杰伊、麦迪逊:《联邦党人文集》，程逢如、在汉、舒逊译，商务印书馆1980年版。

［2］费孝通:《乡土中国》，生活·读书·新知三联书店1985年版。

［3］［美］林毓生:《中国意识的危机:“五四”时期激烈的反传统主义》，穆善培译，贵州人民出版社1988年版。

［4］薄一波:《若干重大决策与事件的回顾》（上卷），中共中央党校出版社1991年版。

［5］中共中央文献研究室编:《毛泽东选集》（第二卷），人民出版社1991年版。

［6］［德］马克斯·韦伯:《新教伦理与资本主义精神》，于晓、陈维纲等译，生活·读书·新知三联书店1987年版。

［7］彭真:《论新中国政法工作》，中央文献出版社1992年版。

［8］罗荣渠:《现代化新论——世界与中国的现代化进程》，北京大学出版社1993年版。

［9］中共中央文献研究室编:《毛泽东文集》（第一卷），人民出版社1993年版。

［10］胡伟:《司法政治》，三联书店（香港）有限公司1994年版。

［11］邹谠:《二十世纪中国政治：从宏观历史与微观行动的角度看》，牛津大学出版社1994年版。

［12］中共中央文献研究室编:《毛泽东文集》（第五卷），人民出版社1996年版。

［13］［德］马克斯·韦伯:《民族国家与经济政策》，甘阳选编，甘阳等译，

生活·读书·新知三联书店 1997 年版。

[14] [德] 马克斯·韦伯：《经济与社会》(下卷)，林荣远译，商务印书馆 1998 年版。

[15] 邓正来、[英] J.C. 亚历山大编：《国家与市民社会：一种社会理论的研究路径》，中央编译出版社 1998 年版。

[16] 贺卫方：《司法的理念与制度》，中国政法大学出版社 1998 年版。

[17] 刘小枫：《现代性社会理论绪论——现代性与现代中国》，上海三联书店 1998 年版。

[18] [美] 本杰明·卡多佐：《司法过程的性质》，苏力译，商务印书馆 1998 年版。

[19] 荣敬本等：《从压力型体制向民主合作体制的转变：县乡两级政治体制改革》，中央编译出版社 1998 年版。

[20] [英] 安东尼·吉登斯：《民族国家与暴力》，胡宗泽、赵力涛译，王铭铭校，生活·读书·新知三联书店 1998 年版。

[21] 渠敬东：《缺席与断裂——有关失范的社会学研究》，上海人民出版社 1999 年版。

[22] 中共中央文献研究室编：《毛泽东文集》(第七卷)，人民出版社 1999 年版。

[23] 刘小枫：《儒家革命精神源流考》，上海三联书店 2000 年版。

[24] [美] 列文森：《儒教中国及其现代命运》，郑大华、任菁译，中国社会科学出版社 2000 年版。

[25] 苏力：《送法下乡——中国基层司法制度研究》，中国政法大学出版社 2000 年版。

[26] 李猛等编：《思想与社会：第一辑　韦伯：法律与价值》，人民出版社 2001 年版。

[27] 钱穆：《中国历代政治得失》，生活·读书·新知三联书店 2001 年版。

[28] 荣敬本：《再论从压力型体制向民主合作体制的转变：县乡两级政治体制改革的比较研究》，中央编译出版社 2001 年版。

[29] [美] 费正清：《中国：传统与变迁》，张沛译，世界知识出版社 2002 年版。

［30］宋连生：《总路线、大跃进、人民公社化运动始末》，云南人民出版社 2002 年版。

［31］孙万胜：《司法权的法理之维》，法律出版社 2002 年版。

［32］朱光磊：《当代中国政府过程》，天津人民出版社 2002 年版。

［33］胡夏冰：《司法权：性质与构成的分析》，人民法院出版社 2003 年版。

［34］［美］詹姆斯·R·汤森、［美］布兰特利·沃马克：《中国政治》，顾速、董方译，江苏人民出版社 2003 年版。

［35］［美］罗伯特·C·埃里克森：《无需法律的秩序——邻人如何解决纠纷》，苏力译，中国政法大学出版社 2003 年版。

［36］［英］韦恩·莫里森：《法理学：从古希腊到后现代》，李桂林等译，武汉大学出版社 2003 年版。

［37］周雪光：《组织社会学十讲》，社会科学文献出版社 2003 年版。

［38］［德］施路赫特：《理性化与官僚化——对韦伯之研究与诠释》，顾忠华译，广西师范大学出版社 2004 年版。

［39］［德］马克斯·韦伯：《经济与社会》（上卷），林荣远译，商务印书馆 2004 年版。

［40］［美］孙隆基：《中国文化的深层结构》，广西师范大学出版社 2004 年版。

［41］苏力：《法治及其本土资源》，中国政法大学出版社 2004 年版。

［42］谭世贵：《司法独立问题研究》，法律出版社 2004 年版。

［43］吴宗国主编：《中国古代官僚政治制度研究》，北京大学出版社 2004 年版。

［44］［德］马克斯·韦伯：《学术与政治》，钱永祥等译，广西师范大学出版社 2005 年版。

［45］［美］洛夫乔伊：《观念史论文集》，吴相译，江苏教育出版社 2005 年版。

［46］［美］托马斯·C. 谢林：《私人动机与宏观行为》，谢静、邓子梁、李天有译，中国人民大学出版社 2005 年版。

［47］［美］马丁·夏皮罗：《法院：比较法上和政治学上的分析》，张生、李彤译，中国政法大学出版社 2005 年版。

［48］邓正来：《中国法学向何处去——建构“中国法律理想图景”时代的论纲》，商务印书馆 2006 年版。

［49］祝总斌：《材不材斋文集——祝总斌学术研究论文集》下编《中国古代政治制度研究》，三秦出版社 2006 年版。

［50］陈嘉映：《哲学 科学 常识》，东方出版社 2007 年版。

［51］何永军：《断裂与延续：人民法院建设（1978—2005）》，中国社会科学出版社 2008 年版。

［52］［美］道格拉斯·C. 诺思：《制度、制度变迁与经济绩效》，杭行译，韦森审校，格致出版社 2008 年版。

［53］［美］麦克尔·哈特、［意］安东尼奥·奈格里：《帝国：全球化的政治秩序》，杨建国、范一亭译，江苏人民出版社 2008 年版。

［54］吴英姿编著：《法官角色与司法行为》，中国大百科全书出版社 2008 年版。

［55］［英］以赛亚·伯林著，亨利·哈代编：《浪漫主义的根源》，吕梁等译，译林出版社 2008 年版。

［56］周黎安：《转型中的地方政府：官员激励与治理》，格致出版社、上海人民出版社 2008 年版。

［57］程春明：《司法权及其配置：理论语境、中英法式样及国际趋势》，中国法制出版社 2009 年版。

［58］高其才、黄宇宁、赵彩凤：《基层司法：社会转型时期的三十二个先进人民法庭实证研究》，法律出版社 2009 年版。

［59］洪涛：《本原与事变：政治哲学十篇》，上海人民出版社 2009 年版。

［60］强世功：《惩罚与法治：当代法治的兴起（1976—1981）》，法律出版社 2009 年版。

［61］金观涛、刘青峰：《观念史研究：中国现代重要政治术语的形成》，法律出版社 2009 年版。

［62］李泽厚：《中国现代思想史论》，中国出版集团 2009 年版。

［63］［美］理查德·波斯纳：《法官如何思考》，苏力译，北京大学出版社 2009 年版。

［64］孙立平：《重建社会——转型社会的秩序再造》，社会科学文献出版社 2009 年版。

［65］唐应茂：《法院执行为什么难：转型国家中的政府、市场与法院》，北京大学出版社 2009 年版。

［66］［美］W. 理查德·斯科特：《制度与组织——思想观念与物质利益》（第 3 版），姚伟、王黎芳译，中国人民大学出版社 2010 年版。

［67］［美］罗斯科·庞德：《通过法律的社会控制》，沈宗灵译，楼邦彦校，商务印书馆 2010 年版。

［68］王亚南：《中国官僚政治研究》，商务印书馆 2010 年版。

［69］赵树凯：《乡镇治理与政府制度化》，商务印书馆 2010 年版。

［70］金观涛、刘青峰：《兴盛与危机：论中国社会超稳定结构》，法律出版社 2011 年版。

［71］金观涛、刘青峰：《开放中的变迁：再论中国社会超稳定结构》，法律出版社 2011 年版。

［72］翟学伟：《中国人的关系原理——时空秩序、生活欲念及其流变》，北京大学出版社 2011 年版。

［73］［英］安东尼·吉登斯：《现代性的后果》，田禾译，黄平校，译林出版社 2011 年版。

［74］陈柏峰：《乡村司法》，陕西人民出版社 2012 年版。

［75］马骏、孙麾、何艳玲主编：《中国“行政国家”六十年——历史与未来》，格致出版社 2012 年版。

［76］［美］孔飞力：《叫魂：1768 年中国妖术大恐慌》，陈兼、刘昶译，生活·读书·新知三联书店 2012 年版。

［77］泮伟江：《当代中国法治的分析与建构》，中国法制出版社 2012 年版。

［78］王海峰：《干部国家——一种支撑和维系中国党建国家权力结构及其运行的制度》，复旦大学出版社 2012 年版。

［79］周飞舟：《以利为利：财政关系与地方政府行为》，上海三联书店 2012 年版。

［80］冯仕政：《当代中国的社会治理与政治秩序》，中国人民大学出版社 2013 年版。

［81］黄韬：《公共政策法院：中国金融法制变迁的司法维度》，法律出版社 2013 年版。

[82] 秦晖：《共同的底线》，江苏文艺出版社 2013 年版。

[83] [英] 安东尼·吉登斯：《资本主义与现代社会理论——对马克思、涂尔干和韦伯著作的分析》，郭忠华、潘华凌译，上海译文出版社 2013 年版。

[84] 汪丁丁：《新政治经济学讲义》，上海人民出版社 2013 年版。

[85] 丁卫：《秦窑法庭：基层司法的实践逻辑》，生活·读书·新知三联书店 2014 年版。

[86] 林毅夫、蔡昉等：《中国的奇迹：发展战略与经济改革》（增订版），格致出版社 2014 年版。

[87] 杜豫苏：《上下级法院审判业务关系研究》，北京大学出版社 2015 年版。

[88] [美] 米尔伊安·R. 达玛什卡：《司法和国家权力的多种面孔：比较视野中的法律程序》（修订版），郑戈译，中国政法大学出版社 2015 年版。

[89] [美] 阿尔伯特·赫希曼：《欲望与利益：资本主义胜利之前的政治争论》，冯克利译，浙江大学出版社 2015 年版。

[90] 金观涛：《历史的巨镜》，法律出版社 2015 年版。

[91] 于明：《司法治国：英国法庭的政治史（1154—1701）》，法律出版社 2015 年版。

[92] 左卫民等：《中国基层法院司法财政变迁实证研究（1949—2008）》，北京大学出版社 2015 年版。

[93] [德] 卡尔·施米特：《政治的浪漫派》，刘小枫编，冯克利、刘锋译，上海人民出版社 2016 年版。

[94] [美] 布赖恩·Z. 塔玛纳哈：《法律工具主义：对法治的危害》，陈虎、杨洁译，北京大学出版社 2016 年版。

[95] 周雪光：《中国国家治理的制度逻辑：一个组织学研究》，生活·读书·新知三联书店 2017 年版。

2. 中文论文

[1] 孙立平、王汉生、王思斌等：《改革以来中国社会结构的变迁》，《中国社会科学》1994 年第 2 期。

[2] [德] 沃尔夫冈·赛勒特:《"法官独立"和"法官法定"原则在德国的历史发展》,马红湘译,《南京大学法律评论》1997年春季号。

[3] 贺卫方:《中国司法管理制度的两个问题》,《中国社会科学》1997年第6期。

[4] 李猛:《论抽象社会》,《社会学研究》1999年第1期。

[5] 赵晓力:《通过法律的治理:中国基层法院研究》,北京大学1999年博士学位论文。

[6] 顾培东:《中国司法改革的宏观思考》,《法学研究》2000年第3期。

[7] 张卫平:《论我国法院体制的非行政化——法院体制改革的一种基本思路》,《法商研究》2000年第3期。

[8] 章武生、吴泽勇:《司法独立与法院组织机构的调整》(上),《中国法学》2000年第2期。

[9] 左卫民:《法院制度功能之比较研究》,《现代法学》2001年第1期。

[10] 王旭:《论司法权的中央化》,《战略与管理》2001年第5期。

[11] 苏永钦:《漂移在两种司法理念间的司法改革——台湾司法改革的社经背景与法制基础》,《环球法律评论》2002年春季号。

[12] 萧瀚:《解读〈送法下乡〉》,《中国社会科学》2002年第3期。

[13] 章武生:《基层法院改革若干问题研究》,《法商研究》2002年第6期。

[14] 陈红太:《从党政关系的历史变迁看中国政治体制变革的阶段特征》,《浙江学刊》2003年第6期。

[15] [德] 迪特·格林:《政治与法》,杨登杰译,载郑永流:《法哲学与法社会学论丛》2003年第6期。

[16] 刘作翔:《中国司法地方保护主义之批判——兼论"司法权国家化"的司法改革思路》,《法学研究》2003年第1期。

[17] 夏锦文:《世纪沉浮:司法独立的思想与制度变迁——以司法现代化为视角的考察》,《政法论坛》2004年第1期。

[18] 王亚新:《程序·制度·组织——基层法院日常的程序运作与治理结构转型》,《中国社会科学》2004年第3期。

[19] 朱光磊、张志红:《"职责同构"批判》,《北京大学学报(哲学社会科学版)》2005年第1期。

［20］ 刘思达：《法律移植与合法性冲突——现代性语境下的中国基层司法》，《社会学研究》2005 年第 3 期。

［21］ 章武生：《我国基层法院的性质及功能定位——从审级制度改革的视角观察》，《法学家》2005 年第 4 期。

［22］ 顾培东：《试论我国社会中非常规性纠纷的解决机制》，《中国法学》2007 年第 3 期。

［23］ 陈瑞华：《司法裁判的行政决策模式——对中国法院“司法行政化”现象的重新考察》，《吉林大学社会科学学报》2008 年第 4 期。

［24］ 时飞：《最高人民法院政治任务的变化——以 1950—2007 年最高人民法院工作报告为中心》，《开放时代》2008 年第 1 期。

［25］ 渠敬东、周飞舟、应星：《从总体支配到技术治理——基于中国 30 年改革经验的社会学分析》，《中国社会科学》2009 年第 6 期。

［26］ 刘晨光：《试论中国政制的现代变革》，载强世功：《政治与法律评论》，北京大学出版社 2010 年第 1 期。

［27］ 左卫民、胡建萍、肖仕卫：《试点与改革：建立和完善法院多元化纠纷解决机制的实证研究——以 S 省 C 市 8 个基层法院的试点为切入点》，《法学论坛》2010 年第 2 期。

［28］ 陈柏峰、董磊明：《法治论还是治理论——当代中国乡村司法的理论建构》，《法学研究》2010 年第 5 期。

［29］ 李猛：《理性化及其传统：对韦伯的中国观察》，《社会学研究》2010 年第 5 期。

［30］ ［美］巴里 · 温加斯特：《发展中国家为何如此抵制法治》，黄少卿译，载吴敬琏：《比较》，中信出版社 2010 年第 2 期。

［31］ 张千帆：《转型中的人民法院——中国司法改革回顾与展望》，《国家检察官学院学报》2010 年第 3 期。

［32］ 王申：《司法行政化管理与法官独立审判》，《法学》2010 年第 6 期。

［33］ 徐行：《维稳误区：异化与挑战》，《人民论坛》2010 年第 27 期。

［34］ 项飚：《普通人的“国家”理论》，《开放时代》2010 年第 10 期。

［35］ 刘杰：《党政关系的历史变迁与国家治理逻辑的变革》，《社会科学》2011 年第 12 期。

[36] [美] 杜赞奇:《中国世俗主义的历史起源及特点》,《开放时代》2011 年第 6 期。

[37] 喻中:《论“治—综治”取向的中国法治模式》,《法商研究》2011 年第 3 期。

[38] 邓正来、丁轶:《监护型控制逻辑下的有效治理——对近三十年国家社团管理政策演变的考察》,《学术界》2012 年第 2 期。

[39] 方乐:《从“问题中国”到“理解中国”——当下中国司法理论研究立场的转换》,《法律科学》2012 年第 5 期。

[40] 郭绍敏:《从传统君主到“现代君主”:20 世纪中国的政制逻辑》,《政治与法律评论》,2012 年第 3 期。

[41] 栗峥:《国家治理中的司法策略:以转型乡村为背景》,《中国法学》2012 年第 1 期。

[42] 徐亚文、童海超:《当代中国地方法院竞争研究》,《法学评论》2012 年第 1 期。

[43] 杨光斌:《宏大而美好的政治目标为什么总是难以实现?——一种制度主义的视野》,《复旦政治学评论》2012 年第 2 期。

[44] 周尚君:《权力概念的法理重释》,《政法论丛》2012 年第 5 期。

[45] 杨雪冬:《压力型体制:一个概念的简明史》,《社会科学》2012 年第 11 期。

[46] 周尚君:《国家建设视角下的地方法治试验》,《法商研究》2013 年第 1 期。

[47] 李猛:《在自然与历史之间:“自然状态”与现代政治理解的历史化》,《学术月刊》2013 年第 1 期。

[48] 李小萍:《论法院的地方性》,《法学评论》2013 年第 3 期。

[49] 邵六益:《悖论与必然:法院调解的回归(2003—2012)》,《华东政法大学学报》2013 年第 5 期。

[50] 左卫民:《中国法院院长角色的实证研究》,《中国法学》2014 年第 1 期。

[51] 刘忠:《格、职、级与竞争上岗——法院内部秩序的深层结构》,《清华法学》2014 年第 2 期。

[52] 周尚君:《地方法治试验的动力机制与制度前景》,《中国法学》2014

年第 2 期。

[53] 陈颀：《“为人民服务”的政治哲学》，《政治与法律评论》2014 年第 4 期。

[54] 顾培东：《再论人民法院审判权运行机制的构建》，《中国法学》2014 年第 5 期。

[55] 姜涛：《道德话语系统与压力型司法的路径选择》，《法律科学》2014 年第 6 期。

[56] 李晟：《“地方法治竞争”的可能性——关于晋升锦标赛理论的经验反思与法理学分析》，《中外法学》2014 年第 5 期。

[57] 凌斌：《法治道路、政党政治与群众路线——一个回应》，载强世功：《政治与法律评论》2014 年第 5 期。

[58] 李晟：《低同质化背景下的中国法官外部环境约束》，《北大法律评论》2014 年第 2 期。

[59] 周黎安：《行政发包制》，《社会》2014 年第 6 期。

[60] 张泽涛：《法院向人大汇报工作的法理分析及其改革——以十八大以来法院体制改革为主线》，《法律科学》2015 年第 1 期。

[61] 陈柏峰：《领导干部干预司法的制度预防及其挑战》，《法学》2015 年第 7 期。

[62] 刘练军：《法院科层化的多米诺效应》，《法律科学》2015 年第 3 期。

[63] 刘忠：《政治性与司法技术之间：法院院长选任的复合二元结构》，《法律科学》2015 年第 5 期。

[64] 王亚新：《不完全财政与中国司法的去地方化》，《文化纵横》2015 年第 6 期。

[65] 王建学：《地方各级人民法院宪法地位的规范分析》，《法学研究》2015 年第 4 期。

[66] 杨建军：《司法改革的理论论争及其启迪》，《法商研究》2015 年第 2 期。

[67] 于浩：《当代中国司法改革的话语、实践及其反思——以“司法”定义切入》，《山东社会科学》2015 年第 10 期。

[68] 丁轶：《反科层制治理：国家治理的中国经验》，《学术界》2016 年

第 11 期。

［69］方乐：《审委会改革的现实基础、动力机制和程序建构——从“四五改革纲要”切入》，《法学》2016 年第 3 期。

［70］顾培东：《当代中国司法生态及其改善》，《法学研究》2016 年第 2 期。

［71］芦露：《中国的法院信息化：数据、技术与管理》，《法律和社会科学》2016 年第 2 期。

［72］刘忠：《司法地方保护主义话语批评》，《法制与社会发展》2016 年第 6 期。

［73］［美］黄宗智：《中国正义体系中的“政”与“法”》，《开放时代》2016 年第 6 期。

［74］姚国建：《中央与地方双重视角下的司法权属性》，《法学评论》2016 年第 5 期。

［75］周尚君：《党管政法：党与政法关系的演进》，《法学研究》2017 年第 1 期。

［76］曹龙虎：《“资本主义”：一个基本概念的生成及其使用》，《世界历史》2017 年第 3 期。

［77］陈洪杰：《转型社会的司法功能建构——从卡理斯玛权威到法理型权威》，《华东政法大学学报》2017 年第 6 期。

［78］丁轶：《等级体制下的契约化治理重新认识中国宪法中的“两个积极性”》，《中外法学》2017 年第 4 期。

［79］丁轶：《国家主义的两重维度》，《政治与法律》2017 年第 1 期。

［80］李猛：《西学与我们的“西方”》，《北京大学学报（哲学社会科学版）》2017 年第 4 期。

［81］刘涛、蔡道通：《作为组织的法院及其决策运作：司法职业保障的系统论考察》，《政治与法律》2017 年第 6 期。

［82］丁轶：《承包型法治：理解“地方法治”的新视角》，《法学家》2018 年第 1 期。

［83］关凯：《从文化民族主义到自由民族主义——民族主义在欧洲的内涵和模式》，《西南民族大学学报（人文社会科学版）》2018 年第 1 期。

［84］顾培东：《法官个体本位抑或法院整体本位——我国法院建构与运行

的基本模式选择》，《法学研究》2019 年第 1 期。

3. 外文文献

[1] Foucault.M,Madness and Civilization:A History of Insanity in the Age of Reason.Trans.by Howard,N.Y.:Pantheon, 1965.

[2] Foucault.M, Nietzsche, Freud, Marx,Critical Text III, 2（Winter）,1968.

[3] Solomon.Richard H,On Activism and Activists: Maoist Conceptions of Motivation and Political Role Linking State to Society,China Quarterly 39,1969.

[4] Lucian W. Pye, The Spirit of Chinese Politics : A Psychocultural Study of the Authority Crisis in Political Development, Cambridge, Mass: The MIT Press,1968.

[5] Selden.Mark, The Yenan Way in Revolutionary China, Cambridge, Mass: Harvard University Press,1971.

[6] Foucault.M,The Archaeology of Knowledge and the Discourse on Sciences.Trans.by A.Sheridan.N.Y.:Patheon,1972.

[7] Vogel.Ezra F, Political Bureaucracy: Communist China, In Communist Systems in Comparative Perspective, edited by L.J.Cohen and J.P.Shapiro.Garden City,N.Y.: Anchor Press,1974.

[8] Bennett.Gordon, Yundong:Mass Campaigns in Chinese Communist Leadership, Berkeley: Center for Chinese Studies, University of California,1976.

[9] Foucault.M,Power/Knowledge: Selected Interviews and Other Writings 1972-1977, ed.by C.Gorgon. N.Y.:Pantheon,1980.

[10] Fernando Galbiati, P'eng P'ai and rhe Hai-lu-feng Soviet, Stanford: Stanford University Press,1985.7u.

[11] Deleuze.G, What is a dispositif ,In Michel Foucault Philos opher, Brighton:Harvester, 1992.

[12] Lubman.B, Stanley, Bird in a Cage: Legal Reform in China after Mao, Standford University Press, 1999.

[13] Minzner.Carl F, Xinfang: An Alternative to Formal Chinese Legal Institutions,Stanford Journal of International Law 42, 2006.

后 记

犹记得六年前考完硕士研究生的那个寒假，我在家乡的市图书馆借了一本曹利群的《五音不全》。这是一本关于音乐的随笔散文，薄薄一册，文字清浅，我很快便读完了。读完后，一种难以名状的感觉久久萦绕。那一刻，我忽然觉得对人类的情感作喜怒哀乐之分是如此的粗略与形而上，而自己从来没有意识到“他者”作为一个个体可能拥有的各种微妙心绪，这也决定了我在与他人的交互中必然是过于自我的。我暗下决心，要好好地感知他人与这个世界。接下来的研究生生涯却让我离这个决定越来越远：研究是一项智性的活动，它需要对“在场”的抽离，用符合逻辑的知识性语言条理分明地表述这个世界，在此基础上形成判断力以期为社会的变革提供智识上的贡献。

然而，上述看似处在对立面的感性与理性之分不过是个体由参与者到旁观者这两个视角的转换，其间最重要的变量是反思所蕴含的“抽离”程度。就本书的核心论题而言，这种“抽离”程度的不同以及其背后深藏的对不同阶层群体的情感影响着学者的立场、研究重心甚至研究方法的选择。在既有的研究成果基础上，笔者写作本书的初衷无非是试图调和感性与理性之间的平衡，让同情性理解多一点批判色彩，让更少可操作性的建构式研究多一点现实的经验基础。正因为这种试图调和的初衷，本书的架构和论证混杂着以往正统的研究中不会共存的研究方法，直到现在，我也不确定这种尝试是否可行抑或被接受。

不管怎样，本书的写作总算告一段落，现在又将付梓成书。这个过程，除了笔者自己之外，有很多同样重要甚至更为重要的人推动了这篇博士论文的完成，在此我想将其列出以表谢意。

感谢我的博士生导师张继成教授。在我读博期间，张老师充分尊重我的研究旨趣，给予我最大程度的包容和信任，让我尽情地体验智性的自由与自主。即便与我的研究方向迥异，张老师还是竭力对我的写作和思考加以指点，这份尽责和认真不仅让我感动，更令我羞愧：我并没有如预期那般对学业全力以赴，所得成果寥寥，辜负了张老师对我的期望。张老师不仅对学术执着，其为人亦亲切谦和，在张老师的带领下，整个师门都给我如家般的温馨感。

感谢我的硕士生导师周其明副教授。博士论文的选题延续了硕士阶段的思考，正是在周老师的指导下，我开启了法学经典著作的阅读及现代性问题的研究。整整六年的研究生生涯，最使我难忘的莫过于研一沉浸在经典阅读的日子。事实上，刚与周老师接触时，周老师批评我所思太过“小我”，那时我并不明白“小我”是什么意思。今时不同往日，自己的改变都离不开周老师最初的启蒙。

感谢法学理论专业的张德淼老师、陈柏峰老师、罗洪洋老师和张斌峰老师。各位博导在开题和预答辩时给我提出的意见和建议十分中肯，让我能够及时调整论文的选题和写作思路，为之后的提笔写作明晰了准确的方向。

感谢我在调研期间结识的法官们。这是我第一次调研，由于经验匮乏，谈不上任何的技巧。面对我不成熟的访谈，法官们都真诚且耐心地回答，甚至主动为我的选题出谋划策。在与他们相处的过程中，他们兢兢业业的工作态度改变了我对国家公务人员先在的偏见。博士论文的相关内容是在与他们反复的讨论中写就的，他们是这篇博士论文的潜在作者。

感谢同级的王裕根、陈雷、雷昕、陈晓庆、韩娜、刘元刚、徐凯、余海洋等博士，与你们的交谈让我看到自身的许多不足，也希望我们的同学情谊能够长存。感谢同门的姚健、温惊雷、李光恩师兄和刘法杞、王菁菁、余怡师妹，与你们的相处非常愉快。感谢刘磊师兄在调研和论文方面给予的指导和建议，让我从调研的茫然无措中慢慢找到方向。

感谢李舒曼、孙小路、张骥、王亚、石筱秋等好友，在我经历人生迄今最大坎坷的日子里一直陪伴在我身边，主动提供各方面的帮助，抚慰我的心绪。没有你们，我肯定无法三年完成学业，甚至会选择放弃。感谢豆瓣上的豆友，你们的博学让我受益良多，与你们的互动让我简单到有些乏味的研究生活增添了不少乐趣。

感谢我的姑姑、叔叔、爷爷、奶奶等众多长辈，你们所给予的物质上的帮助和精神上的安慰，我都铭记在心。

感谢我的父母。从小到大，你们都无条件支持我的几乎每一个决定，我在你们的包容与爱里成长，倍感幸福。看着你们鬓角日增的白发、渐渐老去的容颜，我知道自己应该承担起更多的责任，我也会用实际行动来表达我对你们的爱。

徐洁
2019 年 5 月 12 日于晓南湖畔